Barney Hoskins

Glam Rock

Barney Hoskins

Glam Rock

Bowie, Bolan und die
Glitter-Rock-Revolution

Aus dem Englischen übersetzt
von Marcel Anders und Kirsten Borchardt

hannibal

Titel der Originalausgabe:
Glam! Bowie, Bolan And The Glitter Rock Revolution

Erstausgabe erschienen bei Faber and Faber Limited, London

Lektorat: Matthias Inhoffen
Fotos: Mick Rock, Keystone Press Agency, Vienna
Umschlaggestaltung und Typographie: Michael Bergmeister
Druck: Ebner Ulm, Graphische Betriebe Ulm
ISBN 3-85445-167-9

Inhalt

Für meinen darling boy Nat

Thank you very much

MEIN DANK GILT folgenden Personen für Unterstützung und Denkanstöße:

Bryan Ferry, Brian Eno, Lou Reed, Tony Visconti, David Johansen, Nicky Chinn, Kim Fowley, Rodney Bingenheimer, Bebe Buell, Laurence Myers, Simon Puxley, David Enthoven, Tim Clark, Todd Haynes, Bob Gruen und Mick Rock. Ich beziehe mich in diesem Buch auch auf ältere Interviews: mit Iggy Pop, Pamela Des Barres, Brett Anderson, Nick Kent.

Für ihre freundliche Hilfe danke ich: Walter Donohue, Todd Haynes, Oren Moverman, Julian Alexander, Kirsten Romano, Tam Hoskyns, Peter Harlowe, Tom Butler, Debby Butler, Edward Helmore, Ben Fisher, Abba Rage, Gail Ann Dorsey, Rob Cochrane, Nic Harcourt, Tony Visconti, Darcy Meyers, Charmian Norman-Taylor, Bill Kemble, Brad Simpson, Jon Riley, Chris Carter, Sarah-Jane Adler, Esther Rinkoff, Calvin Hayes, Chris Heath, Phil Savage, Kate Simon, Harvey Kubernik, John Walker ... und meiner Frau Victoria.

Vorwort

Von Todd Haynes

Ein Hauch von Wimperntusche und Glamour. Der gleißende Pfeil aus einem kosmetischen Blitz. Bowies Gesicht auf dem Cover von „Aladdin Sane". Irgendwo in einem Plattenladen in den Außenbezirken von L. A. spüre ich, wie ein düsteres Frösteln meinen zwölfjährigen Körper durchläuft. Ein gefährliches Verlangen zieht mich zu etwas hin, doch ich bin noch gar nicht bereit.

Weil ich in den Staaten aufgewachsen bin, habe ich den Glam-Rock fast gänzlich verpaßt. Das Mainstream-Amerika war einfach zu sehr auf Sixties-Rock versessen gewesen, als daß es seinem glamourösen Nachfolger mehr als eine Underground-Rolle zugebilligt hätte. Aber als die Dekade fortschritt, wurde es selbst für die Leute in den Vororten offensichtlich, daß da etwas im Schatten der populären Musik wartete. Etwas Merkwürdiges und Berauschendes, das sich jeglicher Klassifizierung verweigerte. Auf einmal gab es ein ganz neues Vokabular, das über die kirschroten Lippen von rauchenden Schulmädchen kam. In seltsamen Dialogen ging es um etwas so Ungewöhnliches wie Iggy, Ziggy, Bowie und Bi. Das Gesicht auf dem Cover von „Aladdin Sane" hat mich verstört und zugleich fasziniert. Es hat meine aufkeimende Sexualität auf unheimliche Art herausgefordert. Trotzdem habe ich die Platte nicht gekauft.

Im Grunde erkannte ich erst im College, wie sehr ich diese Musik doch liebte. Bowie, Roxy, Iggy, Reed – sie alle waren Teil dieses kurzweiligen Pop-Kapitels, das in London spielte und auf einer einmaligen Verbindung von amerikanischem Underground-Rock mit typisch britischer Theatralik und Geschlechtlichkeit basierte. Für eine kurze Zeit verkündete die Pop-Kultur, daß Identität und Geschlecht keine unveränderlichen Dinge sind, sondern fließend und austauschbar. Der Rock 'n' Roll bemalte sich das Gesicht und drehte den Spiegel herum, wobei sich alles verzerrte, was irgendwie in Sichtweite war.

Musikalisch, lyrisch und in seiner ungeheuren Vielfalt an neuen Images war Glam-Rock nichts anderes als eine Blitzattacke gegen den etablierten Rock 'n' Roll. Als Marc Bolan bei seinem „Top Of The Pops"-Auftritt Glitzer unter den Augen trug, als Bowie Oralverkehr mit Mick Ronsons Gitarre andeutete und das Androgyne zum Bisexuellen wurde, war dies ganz klar gegen die ausgeprägte Moralität der Jugendkultur in den 60ern (und die Homophobie samt Weiberhaß, die sich darin verbargen) gerichtet – aber nicht länger gegen die Generation der Älteren, der Eltern, mit der die Hippies seinerzeit radikal brechen wollten.

Im Gegenteil: Glam-Rock war geradezu besessen von der Vergangenheit und machte es zu seiner Mission, die geschätzten Symbole des Gestern in ein kulturelles Umfeld einzuschleusen, das Nostalgie mit Futurismus, Wunderkerzen-Balladen mit Hardrock und ironische Melancholie mit Schockelementen kombinierte. In krassem Gegensatz zum Punk war der eigentliche Schock des Glitter der Schock des Femininen. Vom Bowie'schen Schick des Ausgemergelten bis hin zu Iggys Hardcore-Masochismus hat der Glam-Rock die traditionelle Männlichkeit des Rock mit einer grellen, unnatürlichen Weiblichkeit unterwandert. Sicher war all das nur Pose. Aber Leute wie Bryan Ferry und David Bowie waren – wie vor ihnen schon Oscar Wilde – in der Lage, mit Künstlichkeit und Ironie zu spielen, ohne dafür die Emotion zu opfern. Und vor allem: Indem die Glam-Ära ihre selbstkreierten Zweideutigkeiten und Rollenspiele vorführte und die „Ch-ch-changes" zum Kern jugendlicher Erfahrung erklärte, präsentierte sie ein neues, radikales Modell sexueller Identität, das nicht durch bleibende Gültigkeit definiert war, sondern durch die vielfarbigen Ergebnisse konstanten Wandels und Neu-Erfindens.

Es konnte nicht von Dauer sein. Die 80er waren im Anmarsch – und mit ihnen eine allgemeine Abkehr von jenen soziopolitischen Umwälzungen, die den Glam-Rock einst erst ermöglicht hatten. Mit einigen wenigen Ausnahmen fiel Glam schlichtweg durch das löcherige Gedächtnis der Popgeschichte. Er zerstieb und wurde absorbiert von schwuler Disco-Musik und knallhartem Heavy Metal; daß Bowie und Lou Reed offenkundig ihre homosexuelle Vergangenheit verleugneten, unterstützte diesen Prozeß. Glam-Rock wurde unlogisch für eine Welt, in der die Grenzen wieder exakt definiert waren, in der es Männer und Frauen, Heteros und Schwule gab und nichts Interessantes mehr dazwischen. Von daher erstaunt es eigentlich nicht, daß ich während der mehrere Jahre dauernden Vorarbeit zu dem nun fertiggestellten Film „Velvet Goldmine“ nicht auf ein einziges Buch – weder lieferbar noch vergriffen – über die Glitter-Ära gestoßen bin. Bücher, die individuellen Künstlern gewidmet sind, thematisieren diese Periode sehr ausführlich, aber es gab bislang kein Werk, das sie als umfassendes kulturelles Phänomen darstellt. Ganz zu schweigen von einer Definition oder Auflistung der beteiligten Künstler und ihrer Beziehungen zueinander. Auch wenn ich mir selbst nur meine Überredungskunst als Verdienst anrechnen darf, so muß ich doch feststellen, daß dieses Buch der erste Versuch ist, eine klaffende Lücke im Rockjournalismus zu schließen – allein dadurch, daß hier diese höchst einflußreiche und lange übersehene Ära aus Glitzer und Musik endlich zusammenhängend untersucht wird.

Todd Haynes
New York, 1998

10 Merkmale des Glam

1. Der quietschend hohe Background-Gesang auf T. Rex- und Sweet-Singles.

2. Der fette Sound der Gibson Les Paul-Gitarre, wie sie von Marc Bolan, Mick Ronson, Johnny Thunders und Mick Ralphs gespielt wurde.

3. Der komprimierte, mechanische Drum-Sound, der den Glam-Pop von T. Rex bis Suzi Quatro dominierte.

4. Die weiten Revers der Satin-Jacken, die Marc Bolan bei „Top Of The Pops" trug.

5. Die orangene Haarpracht von Ziggy Stardust.

6. Der Cockney-Slang von David Bowie, Ian Hunter, Steve Harley, Brett Anderson etc.

7. Die gigantischen silbernen Plateau-Schuhe, wie sie Iggy Pop, Gary Glitter und andere trugen.

8. Die Kammer-Rock-Arrangements von Tony Visconti und Mick Ronson (T. Rex, Bowie), Bob Ezrin (Alice Cooper, Lou Reed), Queen und Jobriath.

9. Die absteigenden Dur-Akkorde in „Changes", „All The Young Dudes", „Tumbling Down" und vielen anderen Glam-Classics.

10. Der bedingungslose Wille, sich ständig neu zu erfinden, der aus Glam-Namen wie Marc Bolan, David Bowie, Gary Glitter, Johnny Thunders, Alvin Stardust spricht. Bester Glam-Spitzname aller Zeiten: Ariel Bender.

wem

strange changes

„There's a new creation, a fabulous sensation ..."

Roxy Music

Es war Anfang 1971, als der Radio-Einheitsbrei aus Neuheiten-Schlonz und der üblichen Retortenmusik von einem sirenenhaften Sound aufgemischt wurde. Er schallte aus den knarzigen Transistorgeräten, an denen man auf dem frostigen Marsch zur Schule vorbeikam. Im Grunde war der Song nichts weiter als ein Zwölftakt-Blues; mit dem rauhen Sound von Chicagos South Side oder dem prätentiösen Herumgedudel, das wir vom britischen Blues-Boom kennen, hatte er allerdings nur wenig gemeinsam. Es war ein Pop-Blues, dargeboten mit näselndem Snobismus, mit unglaublicher Schnodderstimme, die beim „La la la"-Fadeout von zwei Falsettclowns namens Flo & Eddie flankiert wurde. Der Song hieß „Hot Love" und stammte von der Band T. Rex.

„She ain't no witch and I love the way she twitch, uh huh huh ..."

Wäre mein Interesse für die Popmusik nicht gerade eben erst erwacht, so hätte ich gewußt, daß T. Rex mit „Ride A White Swan" bereits im Herbst zuvor einen kolossalen Hit (Platz 2) gelandet hatten. Doch davon hatte ich natürlich keine Ahnung. Ich konnte mir unter Pop gar nichts anderes vorstellen als Edison Lighthouse und „Gimme Dat Ding". Sicher lagen bei meinen Eltern zu Hause einige Beatles-Singles herum, aber die Beatles gab es ja nicht mehr, sie waren Teil einer untergegangenen Ära, die man als die Sechziger bezeichnete. Zu diesem Zeitpunkt wußte ich also noch recht wenig, und ich bemühte mich auch nicht allzu sehr darum, mehr zu wissen.

Als ich Marc Bolan zum ersten Mal hörte – und zwar bevor ich auch nur einen blassen Schimmer hatte, wie er aussah, bevor ich wußte, daß sich das *„weren't no square with his corkscrew hair"* auf ihn bezog –, war dies mein Schlüsselerlebnis, das mir Zutritt verschaffte zum Mysterium des Pop, mit all seiner Kraft und seinem Glamour. Es war dieser vulgäre

Song, der mich verführte und der mich nach mehr gieren ließ – bis ich schließlich nur noch den Ur-Thrill im Kopf hatte, den diese Musik bei mir auslöste.

Kaum zu beschreiben, was ich fühlte, als ich Bolan dann einige Monate später zum ersten Mal im Fernsehen sah, wie er bei „Top Of The Pops" den Text zu „Get It On" ins Mikrophon zischte und ihm dabei seine Korkenzieherlocken wild ins schmale Feengesicht fielen. Seine Art, die pure Androgynität in Glitzeranzug und Seidenhose zur Schau zu stellen, blieb auch später unübertroffen. Ich war wie gelähmt, magisch angezogen von diesem Punk-Kobold – teils Hure, teils mystischer Rattenfänger. War er ein Mann oder eine Frau? Würde er über mich herfallen oder mir die Augen für ein neues Verständnis der Welt öffnen? Aber um ehrlich zu sein – alles, was ich in dem Moment dachte, war: Bitte, lieber Gott, laß jetzt bloß meine Mutter nicht reinkommen!

Wie aufregend, ins bewegte Fahrwasser der Pubertät zu geraten, den Glam-Rock von Bowie, Bolan und Roxy Music als Party-Track im Kopf, den du ständig mit dir herumträgst. Auf diese Weise wurde ich nicht nur zum Pop-Fan, sondern zum Pop-Fantasten. Ich lag jede Nacht in meinem Bett, das kleine Transistorradio auf Radio Luxemburg eingestellt, und schlief ein, während vor meinem inneren Auge bewegte Bilder von Marc und seiner orangenen Les Paul-Gitarre abliefen. Ich weiß nicht genau warum, aber alle meine Erinnerungen an jene Zeit bestehen entweder aus Gitarren oder den Farben der Platten-Labels: das Lila und Rot der EMI-Single „Telegram Sam", das RCA-Orange von „Starman" oder das Polydor-Rot von „Mama Weer All Crazee Now".

Glam kam zu einer Zeit auf, als die Popmusik nach einer neuen Bewegung schrie – nach einem Sound, bei dem sich die Teenager austoben konnten. Ein Sound, der sich messen konnte mit jenen Klängen, die unsere älteren Geschwister in den verschwundenen Swinging Sixties selig gemacht hatten.

Glam kann man auch Glitter nennen. In Amerika war das üblich; hier leitete man diesen Namen einfach von Gary Glitter ab. Der Begriff Glam tauchte in den USA erst in den Achtzigern im Zuge der Haarspray-Metal-Bands auf.

Glam – explosiv, schrill, unumgänglich – war eine Reaktion auf den pompösen Progressive Rock, für den sich die Älteren begeistern konnten, und auf die banale Bubblegum-Musik, mit der die Teenager aus der Zeit der Schlaghosen und Free-Festivals bombardiert wurden. Bowies Song „All The Young Dudes“, der zur Nationalhymne des Glam wurde, machte die Situation deutlich: *„And my brother's back at home / With his Beatles and his Stones / We never got it off on that revolution stuff / What a drag, too many snags.“*

Bowie äußerte sich hierzu in einem Meeting mit William Burroughs, das der „Rolling Stone“ im November 1973 arrangierte: „Leute, die auf Alice Cooper, die New York Dolls oder Iggy Pop stehen, sprechen Stones- oder Beatles-Fans jegliche Existenzberechtigung ab.“ Der Generationskonflikt innerhalb der Popmusik, wähnte er, habe sich von zwanzig auf zehn Jahre verkürzt.

„In den Sechzigern gab es in England den sogenannten Blues-Boom, und die Leute sahen in ihren Jeans alle gleich und uninteressant aus“, erinnert sich der T. Rex-Promoter B. P. Fallon. „Alles war grau in grau. Es mußte dringend etwas Neues her, etwas Grelles, Lautes und Vulgäres. Etwas, über das sich bestimmte Leute ärgern konnten. Marc war eine schillernde Erscheinung. Mit ihm kam das alles auf, und er war es auch, der Bowie den Weg ebnete. Auf einmal fingen Männer an, Make-up zu tragen, und auch die Musik wurde viel direkter, lebendiger – sie zielte bis unter die Gürtellinie. Marc schuf sich sein eigenes Image. Er wollte umschmeichelt werden und machte auch nie einen Hehl daraus. Bis dahin hatte es als uncool gegolten, wenn man offen zugab, daß man die Leute zum Kreischen bringen wollte. Wegen Jethro Tull kreischte schließlich niemand.“

„Zu allen Zeiten wartete die Popmusik auf eine Explosion“, sagt Laurence Myers, dessen Gem Toby Organization sowohl David Bowie wie auch Gary Glitter managte. „In der Mitte der sechziger Jahre fingen die Bands an, eigene Songs zu schreiben und erreichten damit mehr Eigenständigkeit. Das war ein enormer Durchbruch. In den frühen Siebzigern gaben dann wieder die Produzenten und die Songwriter den Ton an, und so beschloß ich, Produzenten und Songwriter zu managen. Wir wären alle überglücklich gewesen, weiterhin Leute wie Edison Lighthouse und Alben wie ‚Winchester Cathedral‘ zu vermarkten, denn da gab es keinen Ärger. Aber die Zeit der Bowies war längst angebrochen, und Leute wie ich wurden als Mittler gebraucht zwischen den Plattenfirmen und den eigenwilligen Künstlern. Wir kannten beide Seiten, die Launen der Stars und die Probleme, welche die Führung einer großen Plattenfirma mit sich bringt.“

Das Geniale am Glam war, daß sich alles um Starruhm drehte. Das Motto lautete: Zeige, was du hast, und wenn du nichts hast, dann tue zumindest als ob! Benutze reichlich Make-up, wecke Illusionen, erfinde dich selbst und wandle dich zu einem androgynen Wesen vom Mars. Glam war ein Fertigprodukt, das sich dem Künstlichen und der Trash-Ästhetik verschrieben hatte und bei dem es nicht auf handwerkliches Können ankam. Seine grelle Optik und sein cartoonreifes Zurschaustellen von Bisexualität waren hervorragend geeignet, den Pop an die Kids zurückzugeben, ihn den Händen erschlaffter Folksänger und pompöser, von Marshall-Türmen flankierter Rocker zu entreißen. Die Musik war einfach und direkt, und in der Zeit zwischen 1970 und 1974 führte Glam dem Blutkreislauf der Popkultur soviel Spaß zu, daß die Leute kaum noch wußten, wohin damit. Selbst als der Bubblegum uns Gary Glitter oder Suzi Quatro bescherte, blieben die Musik und die Verkleidungen unglaublich unterhaltsam.

Glam schwappte über die Nation auf eine Weise, die zugleich unschuldig und moralisch subversiv war. Er hinterfragte Wahrheit und Echtheit – auch und gerade im Bereich der Sexualität. Die festen Grenzen zwischen Heteros und Homos verwischten, als Jungen und Mädchen anfingen, mit Ideen und Rollen zu experimentieren, und eine geschlechtsneutrale Utopie der Eyeliner und Plateausohlen schufen. Glam flirtete ganz offensichtlich mit Dekadenz, irgendwo zwischen „Cabaret" und „A Clockwork Orange" (ein Film, in den ich als Zwölfjähriger vom wohlmeinenden Vater eines Schulfreundes mitgenommen wurde). Es ist David Bowie zu verdanken, daß die Popwelt zu den grauen Eminenzen Lou Reed und Iggy Pop Zugang fand – sie waren als Chronisten der Perversionen und der Überschreitung von Tabus wesentlich glaubwürdiger als der opportunistische Alice Cooper.

„Auf welch mysteriösem Weg auch immer das dekadente Selbstverständnis aus dem Paris und London des 19. Jahrhunderts in das New York des 20. Jahrhunderts gelangt sein mag", schrieb ein lüsterner Albert Goldman 1974, „Tatsache ist, daß wir unbewußt und eher zufällig jenes degenerierte, schaurige Leben eines einzigen Opium-Traums führen, wie es sich radikale Schriftsteller schon vor hundert Jahren zusammenphantasiert haben. Heutzutage läuft jeder in hautengem Samt und Schuhen aus Pariser Bordellen herum, und die Leute malen sich ihre Gesichter an wie die Demi-Mondaines von Toulouse

Lautrec. Sie sind so nonchalant wie Dandys, so matt wie Ästheten und so narkotisiert wie Absinth-Trinker." Goldman hatte zu einem gewissen Punkt recht, dennoch lagen Welten zwischen Lou Reeds „Walk On The Wild Side" und dem „Ballroom Blitz" von Sweet.

Es gab Leute, die Glam ablehnten, weil er zu frivol, narzistisch und unpolitisch daherkam. Einer von ihnen war Dick Hebdidge, der in seinem Buch „Subculture: The Meaning Of Style" (1979) David Bowie, Roxy Music und Lou Reed als Künstler bezeichnete, deren „extrem eitles und elitäres Verhalten, gepaart mit einer morbiden Vorstellung von Kunst und Intellekt, ein Massenpublikum abschrecke". (Wieviel größer hätte das Publikum von David Bowie denn noch sein sollen?). Hebdidges These basierte auf den Untersuchungen von zwei starrsinnigen marxistischen Soziologen, die behaupteten, daß „Bowie in Wirklichkeit dem Konsumkapitalismus und dessen Versuch zuarbeite, eine abhängige Teenager-Generation zu schaffen, die passiv ist und sich in ihrer Freizeit ausschließlich dem Konsum hingibt, anstatt sich mit dem Wert und der Bedeutung des Heranwachsens zu befassen." Ganz abgesehen davon, daß das hier gezeichnete Bild der Jugend etwas schief hängt – so nach dem Motto: Hey, haste Bock rüberzukommen, um den Wert und die Bedeutung des Heranwachsens zu hinterfragen? –, stellt es eine Dreistigkeit dar zu behaupten, daß von allen jugendlichen Subkulturen gerade die Glam-Fans sich nicht aktiv gegen die tradierten Auffassungen von Geschlecht und Arbeit im puritanischen England gestellt hätten.

Und doch entsprechen einige von Hebdidges Behauptungen dem Bild, das in Filmen und Büchern unseres Jahrzehnts von den Siebzigern gezeichnet wird – nämlich dem einer Phase, in der Kitsch, Hedonismus, schlechter Geschmack und offen zur Schau getragene Verschwendungssucht viel eher anzutreffen waren als komplexe Gedankengebilde und in die Zukunft weisende Ideen. Obwohl niemand behaupten würde, daß man Suzi Quatro allzu ernst nehmen sollte, sind die soziologischen Auswirkungen des Glam-Rock doch zu weitreichend, als daß man sie einfach ignorieren könnte. Durch den Glam beeinflußt, lernten sexuelle Außenseiter, sich selbst zu akzeptieren und ihre Stimme in den darauffolgenden Jahrzehnten zu erheben. Glam war der Geburtshelfer des Punk, der später die gesättigte Rock-Elite wegschwemmte. Die interessantesten Künstler der achtziger Jahre, von Soft Cell bis zu den

Pet Shop Boys, waren tief im Glam verwurzelt und bewahrten damit das Jahrzehnt davor, zu einem einzigen öden Videoclip zu verkommen.

„Wenn man es genau nimmt, trug Glitter von Anfang an die Anzeichen seiner eigenen Zerstörung in sich, aber das war irgendwie okay", erinnerte sich Charles Shaar Murray 1977. „Es war die erste große Popströmung der Siebziger und stellte viele großartige Figuren ins Rampenlicht: Genies und Verrückte, Poser und Philosophen, Gewinner und Verlierer, echte Stars und falsche Helden."

„Irgendwie habe ich immer bezweifelt, daß Glam das Richtige für mich war", bekennt Brian Eno, einer der außergewöhnlichsten Stars dieser Zeit. „Für mich stand nie der Glamour im Vordergrund, sondern die Idee, die eigene Identität zu verändern oder sich eine komplett neue auszudenken. Daß diese Identität dann ins Konzept des Glamour paßte, war reiner Zufall."

Zwanzig Jahre, nachdem die Ära des Glam dahingewelkt war, sah Eno die provokante Minty bei einer Performance auf der jährlichen „Alternative Miss World Show", einer Glam-Veranstaltung, die seit den frühen Siebzigern stattfindet. „Als ich das bizarre, intelligente, spleenige, zwischen den Geschlechtern wandelnde Element in ihrer Show sah, machte es mich sehr stolz, Engländer zu sein", schrieb er in sein Tagebuch, das später als „A Year With Swollen Appendices" (1996) veröffentlicht wurde.

Es hatte sich nicht allzu viel verändert seit jener Zeit, als Eno in Frauenkleider gehüllt den entrückten Keyboarder für Roxy Music mimte.

the prettiest stars

„Girls will be boys and boys will be girls / it's a mixed-up, mumbled-up shook-up world ..."

The Kinks

London im Januar 1970. Die Popmusik geht in eine neue Dekade, und zwei ihrer angehenden Stars finden sich gemeinsam im Trident Recording Studio in Soho ein. Der eine ist David Bowie, der an seinem neuen Album arbeitet und mit „Space Oddity" bereits einen echten Hit verzeichnen konnte. Der andere ist sein Freund Marc Bolan; und der spielt gerade einige Gitarren-Licks zum Bowie-Song „The Prettiest Star" ein, während das letzte Tyrannosaurus-Rex-Album „A Beard Of Stars" zur Veröffentlichung ansteht.

Die zwei kennen sich seit zwei Jahren, und eingeweihte Quellen meinen sogar, von einer flüchtigen Affäre berichten zu können, wie sie in der Popszene im London der Sechziger gang und gäbe war. Ursprünglich stammen beide aus der dandyhaften Mod-Szene der frühen Sechziger, haben sich aber dem folkigeren, blumigeren Stil der zweiten Hälfte des Jahrzehnts angepaßt und sind süchtig nach Ruhm.

„Marc war begeistert, daß ihn jemand als Sessionmusiker verpflichten wollte", erinnert sich Tony Visconti, der den Track produzierte. „Er fieberte förmlich zu beweisen, daß er spielen konnte. Also kam er ins Studio, schloß seinen kleinen Verstärker an und begann, den Song einzustudieren. Er übte wie ein Besessener. David war hingerissen, denn er liebte Marc – höchstwahrscheinlich mehr als Marc ihn. Als Bolan sein Solo beendet hatte, klatschten alle Anwesenden im Studio. Plötzlich schrie Marcs Frau June David an: „Wir werden jetzt gehen, denn Marc ist viel zu gut, um auf deiner Platte zu spielen!" Ich war total verblüfft, denn nie zuvor hatte ich eine Form von Rivalität zwischen den beiden festgestellt."

Dem Autor Dave Thompson erzählte Visconti 1987: „Es war der einzig mögliche Zeitpunkt, an dem die beiden zusammenspielen konnten, ihre Egos hätten das später nie mehr zugelassen." Die Geschichte, daß Bowie zu den Leuten zählte, deren Händeklatschen auf „Debora", dem Tyrannosaurus-Rex-Hit von 1968, zu hören ist, gehört jedoch ins Reich der Mythen, wie Visconti zu berichten weiß: „Das ist doch nur die Art von Storys, wie sie Fans allzu gerne glauben. Wenn David Bowie etwas zu einem seiner Alben beigesteuert hätte, wäre Marc der erste gewesen, der es vor allen Leuten hinausposaunt hätte." Das gleiche gilt übrigens auch für spätere T. Rex-Alben, an denen Bowie, entgegen allen Gerüchten, nie beteiligt war.

Zwei Jahre später jedoch sollte Großbritannien von der T. Rexstasy und Ziggymania – vom Glam-Rock – erfaßt sein, und die „freundschaftliche Rivalität" zwischen Bolan und Bowie nahm fieberhafte Ausmaße an.

Man kann natürlich behaupten, daß Glam seinen Anfang mit Elvis Presley nahm, jenem Dixie-Adonis, der goldene Anzüge trug und seine Wimpern tuschte. Oder mit Little Richard, dem schillerndsten aller Gründerväter des Rock. „Glamour" war schon immer ein wesentlicher Bestandteil der Popmusik. Erst als „nette Jungs von nebenan" wie die Beatles beschlossen, sich nicht mehr so herauszuputzen und somit die optische Abgrenzung von den hysterischen Fans aufhoben, geriet Glamour ein wenig in Vergessenheit.

Das Wort „Glamour" ist schottischen Ursprungs und bezeichnet ursprünglich eine Art Nebelschleier, der Menschen und Dinge einhüllt.

Aber das dandyhafte Selbstbewußtsein, das alle Protagonisten des Glam zur Schau stellten, hat noch tiefer liegende Wurzeln – angefangen vom pfauenartigen Auftreten eines Beau Brummell zu Zeiten der Restauration, über den besessenen Ästhetizismus in Huysmans „A rebours" oder Oscar Wildes „Bildnis des Dorian Gray" bis zur Androgynität einer Garbo oder eines Valentino zur Zeit des Stummfilms. Das Dandytum war als dekadente Lebensart, die sich allem entgegenstellte, was als „natürlich" bezeichnet werden konnte, wie geschaffen dafür, von der Popkultur aufgesogen zu werden. Allein schon, weil kleine Mädchen stets einen eher soften Schwarm anhimmeln wollen. In ihrem Buch „Sexual Personae" erklärte Camille Paglia das degenerierte Dandytum von Baudelaire und Zeitgenossen als Zurückweisung der Rousseau'schen „Zurück zur Natur"-Ideale. Derselbe Konflikt läßt sich beim Siegeszug des Glam feststellen, da dieser mit seiner offen zur Schau gestellten Verweichlichung und Androgynität einen scharfen Kontrast zur protzenden Heterosexualität der Woodstock-Generation bildete.

„Das Dandytum hat etwas Spirituelles und etwas Stoisches", schrieb Baudelaire. „Es ist eine Art Religion, wenn auch eine ungewöhnliche, die in jeder Verrücktheit eine Großtat, in jedem Exzeß eine Kraft sieht." Im Gegensatz zu seinem britischen Vorgänger Beau Brummell, der seine Wurzeln als Emporkömmling aus der Mittelklasse abschütteln wollte, indem er die traditionelle Form der Aristokratie auf den Kopf stellte, lebte Baudelaire in einem Zeitalter, in dem adelige Wertvorstellungen bereits im Verfall begriffen waren. Aus diesem Grund „setzte er sein Leben nicht oberhalb, sondern unterhalb der Bourgeoisie an". Er ästhetisierte die Rolle, welche die Gesellschaft ihm zusprach und folgte damit Camille Paglias Grundregel dekadenter Kunst: der Neuerfindung des Selbst als „künstlich geschaffenes Objekt" oder als „biologisches Produkt, das für die Kunst manipuliert wird". Dieses subversive Verständnis von Kultur, das sich mit aller Kraft gegen jegliche Zivilisierung richtet, meint Paglia in „der Verteufelung alles Maßvollen" zu finden. Somit bedeutet „jegliche Art des Unnatürlichseins" gleichzeitig, einmalig und herausragend zu sein. Der Dandy tritt an die Stelle von Gott als dem Schöpfer. Das Selbst des Dandys arbeitet kaleidoskopisch wie eine Image-Maschine, die unaufhörlich eine ganze Reihe einzigartiger, spektakulärer, absichtlich schockierender Personae hervorbringt. Baudelaire hatte einmal beim Anblick eines „grün gefärbten Haarschopfes" die Freude gerühmt, andere in Erstaunen zu versetzen, und gleichzeitig selbstgefällig und stolz festgestellt, daß ihn noch nie etwas schockiert habe. (Mein Dank gilt an dieser Stelle John Walker, dessen unveröffentlichter Dissertation „Framing Dionysus: The Gutter-Dandy In Western Culture" ich diese Betrachtungen entnehmen konnte.)

„Das Androgyne ist gewiß eines der anziehendsten Images für sensibilisierte Außenseiter", schrieb Susan Sontag in ihren hochgelobten „Notes On Camp" (1964). „Beispiele: die fahlen, schlanken, sündigen Figuren in prä-raphaelitischen Bildern und Gedichten; die dünnen, fließenden, geschlechtslosen Körper in Drucken und Statuen der Art Nouveau ... die unheimliche androgyne Leere hinter der perfekten Schönheit einer Greta Garbo." Das Schönste an einem maskulinen Mann, so Sontag, sei ein Hauch von Femininität (und umgekehrt).

Hätte Sontag ihr Buch nur drei Jahre später geschrieben, so hätte sie eine ganze Reihe Popstars in ihre Liste mit aufnehmen können. Gab es in der Welt des Sixties-Pop Gestalten, die dandyhafter waren als die heterosexuellen Gitarrengötter Jimi Hendrix und Eric Clapton?

Weil Hendrix es wagte, auf der Bühne ein Rüschenhemd zu tragen, wurde er einst von Little Richard zurechtgewiesen: „Hey, ich bin der einzige hier, der sich schön anziehen darf."

Oder wie steht es mit dem schwindsüchtigen Syd Barrett, der ausschließlich geschnürte Hosen mit Seidenhemden trug, oder mit der Band, die wie keine zweite darum bemüht war, die weiblichen Elemente im Pop herauszukehren: den Rolling Stones?

Wenn Mick Jagger und Brian Jones ihr schrilles Auftreten auch eher dazu nutzten, ihren ureigenen Machismo zu betonen – ihr Auftritt in Frauenkleidern im Promo-Film zu „Have You Seen Your Mother, Baby, Standing In The Shadow" war als Verspottung weiblicher Stereotype gedacht –, so hat ihr Verhalten dennoch einem öffentlichen Kokettieren mit Homosexualität den Weg gebahnt.

Francis Wyndham schrieb in einem Beitrag für David Baileys Buch „Pin-Ups", Mick Jagger erinnere von seiner Statur her zwar an Aubrey Beardsley, sein Verhalten könne aber eher als „nervöse Männlichkeit denn als affektiertes Tuntengehabe" beschrieben werden. Stones-Freundin Anita Pallenberg andererseits gestand in einem Interview in David Daltons „The Rolling Stones: The First Twenty Years", daß Jagger und Jones über ihren Auftritt einen heftigen Streit hatten.

Jaggers Androgynität war eine eindeutige Absage an kraftvolle männliche Heterosexualität – ein Image, das er sich bei den exzentrischen bisexuellen Adeligen abgeschaut hatte, mit denen die Stones zu jener Zeit verkehrten. „Im London der späten Sechziger gab es ein großes Interesse am homosexuellen Lebensstil", schrieb Marianne Faithfull in ihrer Autobiographie „Faithfull". „Es wurde nicht offen ausgesprochen, aber es lag in der Luft."

„Nach London zu kommen, war der reinste Kulturschock", sagte der in Brooklyn geborene Tony Visconti. „Überall rannten Leute herum, die in ihren hautengen Samtjacken und hohen Edwardianer-Kragen aussahen wie Austin Powers. Ich traf Brian Jones zum ersten Mal bei einer Session von Procol Harum, und während diese Typen wie die durchschnittlichen armen Rockmusiker aussahen, kam Brian mir vor wie ein Mitglied des französischen Hochadels. Er stolzierte herein mit geschnürter Jacke, Rüschenhemd und Klunkerschmuck. Ich dachte nur: ‚Wow, diese Leute laufen tatsächlich so rum!' Mit Ausnahme von Transvestiten trug in Amerika kein Mann Make-up. Die Schwulenszene in New York gab es nur im Verborgenen. Schon nach ein paar Tagen begriff ich überdeutlich, daß ich mich nicht mehr in Kansas befand."

Die Wirkung des dämonenhaften Dandytums der Stones war so groß, daß selbst ein Südstaaten-Junge wie Gram Parsons anfing, sich zu schminken, um fortan Los Angeles unsicher zu machen. „Er malte sich die Nägel an und lief herum wie eine Schwuchtel", beklagte sich der Flying Burrito Brothers-Roadie Jimmie Seiter bei Ben Fong-Torres, Parsons' späterem Biographen. „Er ging händchenhaltend mit Keith (Richards) spazieren. Als er eines Abends in seinem schwuchteligen Outfit ins Palomino kam, damals noch ein echter Trucker-Club, sagten die anderen Bandmitglieder nur: ‚Mit diesem Schwanzlutscher können wir unmöglich auf die Bühne gehen.'"

In einem Artikel für „LA Weekly" erinnerte sich Miss Mercy, Mitglied der legendären Groupie-Vereinigung GTO's, an ihren ersten Eindruck von Parsons: „Die Lichter gingen aus, und auf die Bühne kam ein großer, gutaussehender Typ in Glitzerklamotten. Er war echt Glitter, ein echter Glamour-Rocker. Sein Anzug war scharlachrot und glitzerte wie ein riesiger Diamant, überall hingen Bergkristalle, die wie U-Boote aussahen ..."

„Unser aller Aussehen wurde von Tag zu Tag tuntiger", rekapituliert Stones-Chronist Stanley Booth, der wie Parsons aus der spießigen Kleinstadt Waycross in Georgia kam. „Es ist ein Wunder, daß wir nach der 69er Stones-Tour nicht in Frauenkleidern herumliefen. Alle acht Sekunden kämmten wir uns die Haare aus den Augen. Ich glaube nicht, daß es je einen größeren Haufen von Tunten gegeben hat."

Anthony Burgess' Roman „A Clockwork Orange" war stark von der Person des bisexuellen Stones-Managers Andrew Loog Oldham beeinflußt, und es ist wenig verwunderlich, daß David Bailey, der das Buch noch vor Stanley Kubrick verfilmen wollte, Mick Jagger die Hauptrolle anbot. Sowohl Jagger als auch Alex, der Anti-Held der Geschichte, waren Prototypen für die sexuelle Doppeldeutigkeit der Glam-Stars.

Laut Fotograf Mick Rock sprach auch David Bowie ständig von „A Clockwork Orange"; viele Shows seiner 1972er Tour begannen mit Walter Carlos' elektronischer Version von Beethovens „Ode An Die Freude", die auf dem Soundtrack des Films zu finden ist.

„Wenn diese Vision des Rowdies als Poet eine weitverbreitete Lüge ist, die auf dem homosexuellen Temperament basiert", schrieb J. Marks-Highwater, einer von Jaggers eher exzentrischen Biographen, „dann ist die Relevanz der Homosexualität für die Popkultur geradezu enorm. Schnippisches Auftreten, theatralische Posen und eine besondere Art grotesker Selbstironie sind unersetzliche Elemente des Pop-Selbstverständnisses."

Verwunderlich, daß es zur Jahrzehntwende im Pop nicht eine ganze Menge mehr Androgynität gab. Selbst die Stones hielten sich an diesem Punkt ihrer Karriere etwas stärker zurück. Ray Davies mag mit seiner Parodie auf einen Transvestiten in „Lola" viel Staub aufgewirbelt haben, doch er war umgeben von Jeans-tragenden, bärtigen Deppen. Nach der Psychedelia von 1967 und den Straßenkämpfen von 1968 schickte sich die Rockmusik an, eine Auszeit von ihren übersteigert messianischen Botschaften zu nehmen. So wurden 1969 und 1970 zu Jahren des allgemeinen Rückzugs und der Selbstbesinnung; vom Starruhm wollte man fürs erste nichts mehr wissen. „Schminke aufzutragen, war ohnehin keine neue Idee", bilanzierte Mick Ronson kurz vor seinem Tod 1993. „Aber auf einmal war dies verschwunden. Alle wollten wieder glaubwürdig sein."

Wurde die Popmusik jemals mit einem verlogeneren Konzept bestraft als mit dem der „Glaubwürdigkeit"? Simon Frith sah das 1973 – angesichts von Bowies vermeintlichem „Ausverkauf" – wie folgt: „Ich frage mich, wo die glaubwürdigen Rockstars geblieben sind, die ohne große Gesten und Glamour auskommen. Elvis? Die Beatles? Wohl kaum. Selbst Dylan ist kein ehemaliger Schuhmacher, der kündigte und beschloß, in die Welt auszuziehen. Sie sind alle Popstars, Geschäftemacher, die sich von ihren Chauffeuren durch die Gegend fahren lassen."

Eines der prägnantesten Bilder aus dieser Pop-Periode ist Guy Peellaerts „Rock Dreams"-Portrait von Bob Dylan als mysteriösem, pelztragendem Gott, in einer Limousine kauernd. Dieses und viele weitere Werke der außergewöhnlichen Sammlung, die auch Bolan, Bowie und die Stones portraitiert, halfen, die makabre Dekadenz der frühen siebziger Jahre zu definieren, ja zu fokussieren. Peellaert war später auch als Designer der Covers für Bowies „Diamond Dogs" und das Stones-Album „It's Only Rock 'n' Roll" tätig.

Mit Beginn des neuen Jahrzehnts jedoch wendete sich das Blatt wieder. Die Saat war gelegt mit der Gay Liberation, die nach den Stonewall-Aufständen in New York ins Leben gerufen wurde, und mit den neuen Glitter-Punk-Monstern Iggy Pop und Alice Cooper. Von den Platitüden der bekifften Woodstock-Generation gelangweilt, begann eine neue Brut von Außenseitern sich aufzulehnen. „Brian [Slade] verachtete die Verlogenheit der Love & Peace-Generation", bemerkt der schwule Manager Cecil Drake in Todd Haynes' Film

„Velvet Goldmine". „Er glaubte, daß seine Musik viel mehr zu den Verwaisten, den von den Hippies Ausgegrenzten sprechen würde. Seine Revolution, sagte er immer, werde sexueller Natur sein."

Die heftigste Reaktion auf die Hippies kam in Großbritannien von den Skinheads, die ihre Köpfe kahlschoren und für Rock nur Verachtung übrig hatten. Sie tanzten lieber zu Soul- oder Reggae-Platten. Teilweise reflektierte ihre Existenz die Spaltung der Klassen, andererseits gab es im britischen Klassensystem ohnehin ein stärkeres Bemühen um Abgrenzung der Kulturen als im amerikanischen. Die Skins waren gegen alles, was ihnen zu unmännlich, zu langhaarig und zu bürgerlich erschien. Drei Eigenschaften, welche die Rockmusik der ausgehenden Sechziger perfekt charakterisieren. Als die Siebziger begannen, waren die Skinheads, berüchtigt für ihre Randale bei Fußballspielen und ihr rüdes Aussehen – Bomberjacken, gebleichte Jeans und löchrige Doc Martens –, zur ultimativen Verkörperung der „bösen Jungs" geworden. Im Gegensatz zu früheren Jugendszenen wie den Mods oder den Rockern zeigten sie ein generelles Desinteresse an einzelnen Popstars. Ihre wahren Stars waren die Plattenspieler – darin bildeten sie die Vorläufer der Disco-Kultur. Selbst als Slade, noch vor ihrer Glamzeit, sich ein Ben-Sherman-Outfit verordneten, wurden sie von den Skins fast völlig ignoriert.

Die Skins haben die Entwicklung der weißen Popmusik vielleicht nicht nachhaltig beeinflussen können, dennoch verkörperten sie das Verlangen einer Teenagergeneration nach Veränderungen in einer verknöcherten Welt. Genau wie sie fühlte auch Marc Bolan, daß man der Woodstock-Generation etwas entgegensetzen sollte. Schon im Sommer 1969 holte Bolan zum Rundumschlag gegen die Hardcore-Fans seines Hippie-Duos Tyrannosaurus Rex aus, als er die elektrische Pop-Single „King Of The Rumbling Spires" einspielte. „Eigentlich klingt es nicht so fürchterlich anders, es ist nur funkiger", sagte er zu der Zeit. „Da wir schon immer Popmusik gemacht haben, ist es auch okay, wenn wir elektrische Instrumente benutzen."

Elektrische Popmusik war für Bolan keineswegs etwas Neues, denn einst hatte er in der Mod-Band John's Children in bester Pete-Townshend-Manier Gitarren zerschmettert. Auch hatte er den Starruhm seit seinen frühen Tagen als Mod-Model nie aus den Augen verloren. „Marc war ein einziger wunderbarer Schwindel", erinnert sich John's-Children-Manager und Bolan-Bettgefährte Simon Napier-Bell. „Sein

Gitarrenspiel war unter aller Sau, aber ich liebte seine Stimme. Ich dachte schon damals, daß er der größte Star der Welt werden würde." Für Bolan waren seine von Tolkien beeinflußten Texte über Elfen und Einhörner nur Dekoration, Verzierung seiner Musik, die zum Zeitgeist passen sollte. Die Show zollte dem Trend der Zeit in ähnlicher Weise Tribut, denn Bolans Donovan-Hippie-Alter-ego absolvierte seine Auftritte stets im Schneidersitz, während Steve „Peregrine" Took neben ihm stehend die Bongos bearbeitete. Der Erfolg der göttlichen Single „Debora" hätte ihm auch fast recht gegeben – Bolan war zufrieden mit seinem bescheidenen Erfolg und verkannte die Zeichen der Zeit, die nach Veränderung schrien. So kam das erste rein elektrisch eingespielte Album „A Beard Of Stars" erst zwei Jahre später auf den Markt. Der großartige Mickey Finn hatte mittlerweile den Platz von Took bei Tyrannosaurus Rex eingenommen.

„Das Album endete mit dem Instrumental ‚Elemental Child', auf dem Marc die elektrische Gitarre spielte", so der damalige T. Rex-Manager David Enthoven. „Wir fanden den Track einfach toll und rieten Marc, diese Richtung beizubehalten. Aber wir mußten ihn erst noch davon überzeugen, daß er die elektrische Gitarre nicht im Sitzen spielen konnte – Mickey Finn und ich mußten einiges an Überredungskunst aufwenden, ehe Marc seine Konzerte im Stehen gab. Die eigentliche Idee bestand darin, eine richtige Band zusammenzustellen. Das war im Grunde keine große Hürde – nur daß Marc anfing, elektrische Gitarre zu spielen."

„In diesem Wandel ist nichts Besonderes zu erkennen", konstatierte John Peel, der Underground-DJ und glühende T. Rex-Fan. „Marc war einfach ein sehr ehrgeiziger Typ, mit bescheidenem Talent zwar, aber einem gewissen Bekanntheitsgrad. Er genoß seinen mäßigen Erfolg unheimlich. Aber die Leute hatten 1970/71 festgestellt, daß die Gegenkultur irgendwie ein Witz war."

„Ich war wirklich sehr unglücklich über die Art und Weise, wie uns die Medien ignorierten", verriet Bolan 1971 Michael Wale. „Im Radio hörte ich neue Platten von Dylan, den Beatles oder den Who, und ich wußte, daß ich genauso funky bin wie sie. Das war kein Ego-Ding oder so. Ich wollte als Künstler ernstgenommen werden und die Leute mit meiner Musik erreichen." Der angehende Cockney-König brauchte einen Hit, und so schrieb er im August 1970 – von seiner Frau angestachelt – einen Song, der die Top Ten schlichtweg knacken mußte.

Es handelte sich um „Ride A White Swan“, einen in Bolans Worten „eingängigen, funkigen Zweiminutendreißig-Fußstampfer“, der auf seine brillante Art einen elektrischen Neo-Rockabilly-Groove mit einem Mitgröl-Refrain kombinierte. *„Ride it all out like a bird in the skyways / ride it all out like-a you were a bird“*, sang er über das knarzige Les-Paul-Riff, das typisch für alle großen Bolan-Singles werden sollte. Es klang wie Donovan und Chuck Berry in einer Person, und es buchstabierte sich T. Rex.

Als „White Swan“ den zweiten Platz der Charts erobert hatte, war das schlichtweg zuviel für alle, die den sitzenden Marc im Middle Earth in Covent Garden gesehen und geliebt hatten. Für sie war Bolan ein Judas, und ähnlich wie dem Folk-Idol Bob Dylan bei seiner elektrischen 66er Tour wurde auch ihm nie verziehen. „Ich sehe keinen Grund, warum Freaks nicht in den Charts vertreten sein dürfen. Aber wenn du es bist, mußt du erleben, wie deine Anhänger dir den Rücken kehren und dich hassen“, meinte Bolan enttäuscht zu Pete Frame. „Ich bin heute wahrscheinlich wesentlich offener, als ich es je war – einfach aufgrund der Tatsache, daß ich mich mehr der Kunst widme, gute, energische, funky Rockmusik zu produzieren.“

„Fly it all out like a needle in a sunbeam /
Fly it all out like-a you were a bird ...“

Jetzt, da Marc erklärte, daß es für ihn keine Trennlinie zwischen Rock und Pop mehr gab, mußte er sich damit abfinden, daß „White Swan“ von pickelgesichtigen Teenagern gekauft wurde. „Ich konnte es am Anfang kaum glauben, wie viele Teens sich im Publikum befanden“, sagte er. „Aber mir kann niemand weismachen, daß ihre Begeisterung schlecht für Rex ist. Wenn es jemals eine Pop-Revolution gibt, wird sie von den Heranwachsenden getragen – und wenn du dieses Publikum als Musiker links liegen läßt, kappst du deine Verbindung zur eigentlichen Lebensader des Rock.“

„Es gab da eine unübersehbare Marktlücke“, erinnert sich Nina Myskow, ehemalige Chefredakteurin von „Jackie“, der Bibel für pubertierende Mädchen. „Die Zeit der Beatles war definitiv vorüber, und bei uns gab es kein geeignetes Pendant zu den Osmonds oder Jackson Five. Die Zeit war reif für eine Band wie T. Rex.“ „Jackie“ sprang sofort auf den anrollenden T. Rex-Zug und druckte Farbposter des schmollmündigen, gelockten Bolan. Auch die Verantwortlichen von „Top Of The Pops“ atmeten auf, als sie einen Star fanden, der gleichzeitig telegen und musikalisch verführerisch war. „Du mußt bedenken, daß ‚Top Of The Pops‘ alles bedeutete, alles“, so Nicky Chinn. „Heute verkaufst du mit einem Auftritt dort nicht eine Platte, aber damals eröffnete es dir alle Möglichkeiten.“

Anfang 1971 war aus T. Rex ein rein elektrisches Quartett geworden, und die „diamantenen Wiesen“ und „Möwenfrauen“ waren aus Bolans Texten verschwunden. Er hatte sie eingetauscht gegen eine flippige und futuristische Bilderwelt, die von Fantasy-Hexen und protzigen amerikanischen Autos bevölkert wurde. Es war urbane Pop-Art. „Ich habe diese Musik in meinem Kopf, die so ganz anders ist als alles, was wir je gemacht haben“, erzählte Bolan einem Journalisten. „Es ist eine Art kosmischer Rock. Auf meiner Platte möchte ich den Geist der Konzerte einfangen und den Leuten zeigen, was dort wirklich passiert. Die Menschen, die zum ersten Mal zu meinen Gigs kamen, konnten es kaum glauben, aber es war wie in den alten Tagen des Rock.“ Mit Steve Currie am Baß, Bill Legend am Schlagzeug und Flo & Eddie als schrillen, exaltierten Backgroundsängern nahm die Gruppe eines Morgens um vier Uhr – und total abgefüllt mit Brandy – den Song „Hot Love“ auf. „Es sollte eine Spaß-Platte werden, ich wollte einmal mit einem Zwölftakter einen Hit haben, denn das hatte seit ‚Hi Heel Sneakers‘ niemand mehr geschafft.“ Ende Februar wurde der Song zum ersten Nummer-eins-Hit für T. Rex.

„Der T. Rex-Sound war reines Kismet“, meint Tony Visconti. „Die richtigen Menschen hatten sich zum richtigen Zeitpunkt getroffen. Die Leistungen von Bill Legend und Steve Currie wurden leider nie gewürdigt. Bill war ein einzigartiger Drummer, stark von Ringo Starr beeinflußt. Steve Currie war mit Jazz groß geworden, und das erklärt auch die ungewöhnlichen Noten, die er gespielt hat – alles andere als typische Rock-Noten. Marc dagegen war kein Meister auf der elektrischen Gitarre. Er war weder ein neuer Eric Clapton noch ein neuer Jimmy Page. Es klang fast so, als ob ein Hobbit Gitarre spielen gelernt hatte. Vom technischen Standpunkt aus war es schwer vorstellbar, daß diese Musiker jemals harmonisch zusammenspielen könnten, aber sie hatten Glück. Es war wie ein Sechser im Lotto: Marc hatte die richtigen Zahlen getippt und verfügte plötzlich über ein absolutes Killer-Team.“

„Das andere Erfolgsgeheimnis lag in der Geschwindigkeit, in der sie ihre Platten aufnahmen. Diese Vorgabe war eher aus der Not geboren, denn Marc hatte nicht viel Geld und wollte das, was er hatte, nicht für lange Studioaufenthalte verschwenden. Also sputeten wir uns sehr. Die Aufnahmen klingen zwar nicht perfekt, dafür aber verdammt frisch. Sie haben unglaubliche Vibes, weil jeder aufgeregt war und die gerade erst gelernten Songs mit großer Leidenschaft anging. Der Trick hieß: Follow Marc, make him look good!"

Ähnlich große Bedeutung wie der Erfolg in den Charts sollte Marcs neues Outfit haben, insbesondere die Frauenkleider, die er bei World's End erstand. Visconti erzählt: „June hatte Chelita, die Frau von Tony Secunda, als PR-Agentin für T. Rex engagiert. Als Chelita sah, daß Marc ein sehr hübscher Kerl war, schleppte sie ihn mit zum Einkaufen. Sie gingen in Damen-Boutiquen, wo Marc seine Federboas und die bestickten Jacken kaufte. Es gab da eine Ecke im World's End, wo Kleidung feilgeboten wurde, die als echt kitschig galt. Dort kaufte er unter anderem seine berühmte Seidenjacke, die mit den aufgestickten Musiknoten. Sie war wirklich der totale Kitsch, und Musiker zogen damals so etwas eigentlich nicht an. Aber Marc nahm das alles sehr ernst und fing an, sich auch in der Öffentlichkeit so zu präsentieren. Ich kann mich nicht an einen Musiker erinnern, der vor Marc so flippige Klamotten getragen hätte."

Was aber alles in den Schatten stellte und zu seinem gewagtesten Statement überhaupt wurde, war das Make-up. Als „Hot Love" Nummer eins in den Charts wurde und T. Rex wenige Minuten vor ihrem Auftritt bei „Top Of The Pops" standen, ging Marc spontan auf Chelita zu und bat sie, ihm Glitter aufzutragen. „Chelita war die erste, die Marc geschminkt hat", erinnert sich Tony Visconti. „Sie hat ihm nicht nur die Augen angemalt, sondern auch Glitter auf seinen Wangen verteilt." Marc behauptete später, daß er es nur zum Spaß und ganz ohne Hintergedanken gemacht hätte, doch als er beim nächsten T. Rex-Gig die Bühne betrat, wurde er von Hunderten mit Glitter geschminkten Fans frenetisch begrüßt. An jenem Donnerstag bei „Top Of The Pops" erlebte die gelangweilte Jugend Großbritanniens die Geburt des Glam.

„Mit diesem Fernsehauftritt ging Glam ab wie eine Rakete", weiß David Enthoven. „Es war Marc, der den Stein losgetreten hat. Er war der erste, der Make-up trug, und ich glaube, daß es viel mit seiner Frau zu tun hatte. June wußte genau, wie sie diesen Faun präsentieren mußte. Sie waren ein starkes Team. Sie hatte ihre Gründe, warum sie Mickey für T. Rex auswählte, denn er war zwar kein brillanter Musiker, aber er sah verdammt gut aus. Der Kontrast, den Marc und Mickey auf der Bühne abgaben, war einfach unwiderstehlich. Aber wir hatten niemals an Fünfzehnjährige als unsere Zielgruppe gedacht. Dafür sorgte das Fernsehen. Alles fügte sich ganz natürlich, da existierte nie ein Masterplan, der vorsah, den Glam-Rock in die Welt zu setzen. Alles, was Marc getan hat, war, dem Pop eine Attitüde zu geben. Er hat ihn glamourös gemacht – und irgendwie anders.“

Gefahr im Verzug

„I think rock should be tarted up, made into a prostitute, a parody of itself. It should be the clown, the Pierrot medium."

David Bowie, April 1971

Marc Bolan dachte nicht, daß er etwas Spektakuläres tat, als er bei seinem Auftritt in „Top Of The Pops" Glitter-Klamotten trug. „Es interessiert mich nicht besonders, was die Leute denken", sagte er. „Wenn etwas gut läuft, dann läuft es eben. Elvis Presley schminkte sich jahrelang die Augenpartie, und die Leute glaubten, er habe dunkle, leidenschaftliche Augen. Mick Jagger trägt wunderschöne Verzierungen auf der Haut. Die Menschen sind Kunstwerke, und wenn du ein schönes Gesicht hast, kannst du ruhig ein bißchen damit experimentieren. Andernfalls wird es doch langweilig. Schon vor 200 Jahren sprühten sich die Männer Düfte auf oder puderten ihre Perücken und Gesichter. Wenn jemand so prüde ist und nicht erkennt, daß alles schon mal dagewesen ist, kann ich ihm auch nicht helfen. Irgendwie glaube ich auch nicht, daß die Mädchen auf grobschlächtige Typen abfahren – außer vielleicht auf Ringer. Schaut euch nur Valentino an."

Besonders aufmerksam wurde Bolans Imagewechsel von seinem Freund und Erzrivalen David Bowie beäugt, der, wenn man ehrlich ist, niemals der gröbste aller Männer war. Der „Space Oddity"-Junge hatte schon lange ein Auge auf sternenbestickte Anzüge und Fummel geworfen, und er ging dabei so weit, auf dem Cover seines 1970 erschienenen Albums „The Man Who Sold The World" in einem Kleid zu posieren. Für eine Show im Londoner Round House im Februar 1970, bei der Bowie als Vorprogramm für Country Joe McDonald auftrat, hatte ihn seine bisexuelle und leicht durchgeknallte Freundin Angela mit einem Glitterkostüm (dem „Rainbowman") ausstaffiert, während Mick Ronson als „Gangsterman", Bassist Tony Visconti als „Hyperman" und

Drummer John Cambridge als „Cowboyman" verkleidet auf die Bühne kletterten. Die nach Patchouli riechende Country-Joe-Anhängerschaft quittierte ihre Performance mit höhnischem Gelächter.

„Wir hatten uns doch bloß alle herausgeputzt", bemerkte Bowie reuevoll: „Ich trug eine silberne Lurex-Strumpfhose und einen blausilberfarbenen Umhang. Meine Haare waren blau gefärbt, und ich war übersät mit Glimmer. Eine total verrückte Sache – und auf der Bühne starben wir tausend Tode. Natürlich sagten die Jungs später: ‚Wir haben es dir vorher gesagt. Laß uns einfach wieder eine ganz normale Band sein.' In der Zeit wäre ich fast zerbrochen. Nach der Show wollte ich alles hinschmeißen, weil ich wußte, daß ich nichts falsch gemacht hatte. Mir war klar, daß es genau das war, was ich tun wollte. Und irgendwie ahnte ich, daß es die Leute am Ende auch wollten."

Tat er das wirklich? Für viele Leute war Angela oder Angie Bowie, wie sie nach der Trauung der beiden im März 1970 hieß, die treibende Kraft hinter der neuen Farbenvielfalt im Showbiz. Angela motivierte ihn, die Schauspielerfahrung, die er in den Sechzigern als Mitglied des berüchtigten Underground-Ensembles von Lindsay Kemp sammeln konnte, in seine Show einzubauen. Es war Angie Bowie, die in ihrem Haus in Haddon Hall, Beckenham, eine Art Pop-Salon einrichtete und ihren Mann in den Sombrero Club, eine Schwulendiskothek in Kensington, mitnahm.

„Ich denke, daß Angela einen genauso großen Anteil an der Entstehung des Glam-Rock hatte wie David", meint Tony Visconti. „Angie machte David klar, wie provozierend er sein konnte – ohne ihre Erlaubnis hätte er es sowieso nicht gemacht. Angela und Liz, meine damalige Freundin, entwarfen und schneiderten die Klamotten, die wir im Round House trugen – und in jener Nacht wurde höchstwahrscheinlich der Glam-Rock geboren. Das Publikum war gemischt. Während die Hippies uns ausbuhten, zeigten sich andere total fasziniert. Ein extremer Abend. Aber so sehr David sich heute vom Glam-Rock fernhält, möchte er dessen Erfindung doch gern aufs eigene Konto verbuchen."

In einer Ecke des Round House versteckte sich an jenem Abend der koboldhafte Körper Marc Bolans. Visconti behauptet, Bowie wußte gar nicht, daß Marc auch anwesend war; er habe erst sieben Jahre später davon erfahren, als er ihn auf einigen Abzügen des Fotografen Ray Stevenson durch ein Vergrößerungsglas erkennen konnte. „Ich glaube schon, daß der Gig im Round House die Saat in Marcs Kopf gepflanzt hat und daß beide Männer im Grunde zeitgleich den Glam-Rock erfanden", unterstreicht Visconti.

Bowie und Bolan begriffen im „Glamour" die Antithese zur Hippiekultur; für die Langhaar-Puritaner war Glamour gleichbedeutend mit Reichtum, Kapitalismus und Showbusiness. Selbst 1974 kleidete sich die Mehrheit im Round House noch bewußt unauffällig; ich ging dort jeden Sonntagnachmittag hin, um Pubrockern und Möchtegern-Westcoast-Musikern zuzuhören –, und murmelte Flüche über „Teenybopper"-Musik. Bowies Brillanz lag in seiner Weitsicht, denn er wußte, daß er die frustrierten jungen Erwachsenen und die Teenager gleichermaßen auf seine Seite ziehen konnte. Und den Sturköpfen in ihren grauen Mänteln und langweiligen Hosen bewies er, daß man aufgetakelt herumlaufen und trotzdem gute Musik machen konnte.

Wenn Angela Bowie schon einen gehörigen Anteil am Auftreten ihres Mannes im Round House hatte, so legte sie nicht weniger Ehrgeiz an den Tag, als es darum ging, Davids Karriere in die Hände eines Mannes zu geben, der dem Wort „Hype" eine gänzlich neue Bedeutung geben sollte. Der 27jährige Tony DeFries arbeitete für die Anwaltskanzlei von Godfrey Davis and Batt, als er im April 1970 die Aufgabe übertragen bekam, eine Einigung im Streit zwischen Bowie und seinem ersten Manager Ken Pitt herbeizuführen. DeFries, Sohn eines Antiquitätenhändlers aus Shepherd's Bush, war schon immer vom Showbiz fasziniert und hatte in den späten Sechzigern zahlreiche Models und Fotografen vertreten. Nun sah er eine Möglichkeit, sich einen Namen zu machen – und zögerte nicht, die Gelegenheit beim Schopf zu packen.

„Tony DeFries war ein sehr cleverer Bursche", weiß Laurence Myers, an dessen Gem Toby Organization Bowie auf DeFries' Betreiben im folgenden Jahr vermittelt wurde. „Eines Tages erzählte mir Tony, daß für ihn die Möglichkeit bestünde, David Bowies Manager zu werden. Und genau das passierte auch: Bowie unterschrieb bei mir, und Tony war sein designierter Manager." Myers selbst hatte als Buchhalter für Mickie Most und Allen Klein angefangen. Den Pop-Geschäftsmann alter Schule mußte bei einer Begegnung mit Bowie und seiner Haddon Hall-Entourage zwangsläufig der Schlag treffen.

„Ich weiß noch, daß Bowie sich äußerst beeindruckt von Marc Bolan zeigte", erzählt Myers. „Wir alle teilten diese Bewunderung für

Bolan, weil er so anders war. Einmal sagte ich zu David, daß Mädchen niemals Platten von Popstars in Frauenkleidern kaufen würden, sie würden zu Cliff, Tom Jones oder David Cassidy greifen. Darauf tätschelte er mir den Kopf und sagte: ‚Mach dir keine Sorgen, Laurence, es wird schon werden.' Also habe ich ihm einen weiteren Scheck ausgeschrieben. Ich habe Rechnungen bezahlt, ohne einen direkten Ertrag zu sehen, denn ich hatte immer das Gefühl, es würde etwas Gigantisches aus ihm werden. David wußte zu jeder Zeit ziemlich genau, was er war und wen er erreichen wollte."

Welche Bedeutung Angie Bowie für ihren Mann hatte, erkannten die Mimen von Andy Warhols „Pork", die im August 1971 nach London gekommen waren, um ein paar Vorstellungen im Round House zu geben. Nur 18 Monate nach Bowies Fiasko an eben jenem Ort – „Get It On" von T. Rex stand mittlerweile an der Spitze der Charts – sahen sich die Bowies die skandalöse Aufführung an und befreundeten sich mit den Hauptdarstellern: Wayne County, einer Drag Queen aus dem Süden, dem weißblonden Szenestar Leee Black Childers, der barbusigen Cherry Vanilla und dem homosexuellen Schauspieler Tony Zanetta (der Warhol spielte). Trotzdem waren die „Pork"-Leute wenig begeistert, als sie ein David-Bowie-Konzert im Country Club in Hampstead sahen. „Leee und ich hatten schon von ihm gehört, der ‚Rolling Stone' hatte einen großen Artikel über ihn gebracht", schrieb Jayne County in ihren Memoiren „Man Enough To Be A Woman". „Bowie hatte gerade ‚Hunky Dory' veröffentlicht (*was nicht ganz richtig ist, da das Album erst im Dezember 1971 erschien*), aber die Show war, um ehrlich zu sein, wirklich enttäuschend. Die Akustikgitarren erinnerten mich eher an ein Folkkonzert, und Mick Ronson sah aus wie ein durchgeknallter Hippie." Das „Pork"-Ensemble zeigte sich mehr von Angie Bowie angetan, die in Countys Worten „laut, anmaßend" und „einfach sagenhaft" war. „Von den beiden Bowies", bemerkt Tony Zanetta, „war Angie definitiv der männlichere Charakter."

Bowie hielt sich aus einem ganz bestimmten Grund bei den „Pork"-Schauspielern auf: Sie bedeuteten für ihn die Eintrittskarte zu Andy Warhol. (Einer der Songs, die er im Country Club gespielt hatte, war seine neue, schlicht „Andy Warhol" getaufte Dankeshymne an den Künstler mit den platinfarbenen Haaren.) Die Welt Warhols faszinierte ihn, seit Ken Pitt Ende 1966 die erste Velvet-Underground-Platte aus

New York mitgebracht hatte. „Ich war wohl so etwas wie Bowies Schlüssel zu Warhol“, erinnert sich Zanetta. „Wir alle wollten Rollen spielen, und das zog David magisch an ... Er hatte den gleichen Hintergrund wie wir. Wie ihm war es auch uns unmöglich, einfach nur wir selbst zu sein. Statt dessen mußten wir uns eine neue Persönlichkeit ausdenken, mit der wir dann unsere geheimen Phantasien und Wünsche ausleben konnten.“

Obwohl es noch andere Einflüsse auf die Formung seines brillanten Alter ego „Ziggy Stardust“ gab, löste die Konfrontation mit der Tabus brechenden New Yorker „Pork“-Show in Bowie einen nie dagewesenen Mut zu kühnen Experimenten aus. „Du konntest förmlich sehen, wie in seinem Kopf ein Lämpchen nach dem anderen anging, als er diesen Leuten andächtig zusah. Jeder einzelne von ihnen war so intensiv, wie ein Performance-Künstler nur sein kann“, schrieb Angie Bowie in „Backstage Passes“. New York war in Davids Augen noch viel dekadenter und reizvoller als die Londoner Szene. Andy Warhols Filme und die Songs von Lou Reed enthielten ein in Großbritannien unbekanntes Gefahrenelement. New York, das waren Drag Queens und Junkies, Kleinstadt-Freaks, die sich zu Aristokraten der Gosse machten und so gegen Amerikas repressive Schwulenfeindlichkeit protestierten. Warhol hatte sie zu „Superstars“ stilisiert, und die Velvets hatten den Speed-Freaks Hymnen wie „Sister Ray“ gegeben. Der Factory ging es weniger um radikalen Schick als vielmehr darum, ein Tummelplatz des Hedonismus zu sein; es war ein Ort, an dem sich Prinzessinnen mit Perversen treffen konnten.

„New York bedeutete David das gleiche wie mir“, berichtet der englische Fotograf Mick Rock. „New York war wesentlich verdorbener als London, und die Hemmungslosigkeit hatte ein für mich ungekanntes Level erreicht – egal, ob es sich um Drogen oder wilde Drag Queens handelte. In London gab es zwar Leute wie Lindsay Kemp und Andrew Logan, die auf ihre Weise am Puls der Zeit waren, aber die Warhol-Szene stellte etwas völlig anderes dar. Andy konnte dir alle Türen öffnen. Für mich hat Lou Reed immer die dunkle Seite repräsentiert, und David hat sich einiges von ihm abgeschaut. Lou war ein lebenswichtiger Teil der Factory – und das faszinierte David.“

1968 zog die Factory von ihren Räumen in der 47th Street East in ein Gebäude an der Westseite des Union Square. Die neue Factory lag damit nur einen Katzensprung entfernt vom Max's Kansas City, dem Club, der an der südlichen Park Avenue Ecke 17th Street lag und Manhattans dekadenter Halbwelt als Hauptquartier diente. „Das Max's war genau der Ort, an dem im New York der Sechziger Pop-Art und Pop-Lifestyle aufeinandertrafen", schrieb Andy Warhol in „POPism". „Teenybopper und Bildhauer, Rockstars und die Poeten des St. Mark's Place, Hollywood-Größen, welche die Schauspieler aus dem Untergrund begutachten wollten, Boutiquenbesitzer und Models, moderne Tänzer und Go-Go-Girls – sie alle kamen im Max's zusammen und formten eine bizarre Gemeinschaft."

1969 war das überfüllte Hinterzimmer des Max's zu dem Ort geworden, an dem man sehen und gesehen werden wollte, wo eine Königin des Underground wie Wayne County ein Bier mit einer Leinwandlegende wie Jane Fonda trinken konnte, oder wo aufstrebende Nobodys wie Patti Smith und Robert Mapplethorpe nur darauf warteten, von Plattenfirmenmachern wie dem Elektra-Manager Danny Fields angesprochen zu werden. („Man mußte schon einen gewissen Grad an Erniedrigung und Isolation erdulden, denn keiner wollte sich mit dir unterhalten", erinnert sich Patti Smith.) Mickey Ruskin, der Besitzer des Max's, begann irgendwann, Bands für das kleine Zimmer im zweiten Stock des Clubs zu buchen. Dort wurde 1970 auch „Live At Max's Kansas City" mit den Velvet Underground aufgenommen.

Die Warhol/Max's-Szene war eng verknüpft mit der Welt des Untergrund-Theaters, in der viele Leute aktiv waren, die aus dem Dunstkreis der Factory kamen. So auch Tony Ingrassia, der die Warhol-Rolle für „Pork" geschrieben hatte. Die Ridiculous Theatrical Company von Charles Ludlam oder John Vaccaros Theater Playhouse Of The Ridiculous holten sich die Schauspieler für ihre skandalträchtigen, brutalsatirischen Stücke direkt von der Straße, und für die Drehbücher ihrer Produktionen zeichneten oft eingefleischte Warhol-Anhänger wie Jackie Curtis oder Ronnie Tavel verantwortlich. „John Vaccaro und Charles Ludlam riefen gemeinsam das Ridiculous Theater ins Leben, aber schon '66 oder '67 gingen die beiden getrennte Wege", berichtet David Johansen, dessen New York Dolls diverse Ideen von dem Theater übernahmen. „Charles Ludlam hat dann einige Leute in seine neue Ridiculous Theatrical Company mitgenommen. Er war ein absolutes Genie, verfügte über einen scharfen Intellekt und verstand es, große

Werke der Weltliteratur in seine wirklich lustigen Stücke einfließen zu lassen. Es war schon erstaunlich, wie er den Dingen einen exaltierten Szene-Aspekt abgewinnen konnte."

Bezeichnenderweise griff man in seinem Theater gerne auf Glitter als Zeichen der Ausschweifung zurück. „Für mich geht vieles an Glam oder Glitter auf Warhol und das Theater Of The Ridiculous zurück", sagt Lou Reed. „Jackie Curtis, Holly Woodlawn ... Schon alleine die Outfits, die diese Leute trugen, und die Aufführungen, an denen sie mitwirkten! Oder die Kostüme, die sie sich aus Sachen kombinierten, die sie auf der Straße gefunden hatten, das Make-up, die Männer, die sich ihre Nägel lackierten ..."

„Glitzerklamotten waren schon eine ganze Weile angesagt, und auch die Drag Queens gingen so auf die Straße", weiß Leee Black Childers. „Aber die Idee des Glitter wurde erst richtig populär, als John Vaccaro für unseren Kostümfundus Einkaufen ging und er an diesem Geschäft in Chinatown vorbeikam, das einen großen Ausverkauf mit Glitzer-Outfits machte. Er hat den ganzen Laden leergekauft, er schleppte Tüten an, jede einzelne randvoll mit Klamotten jeder Art und Farbe. In einem Stück spielte Baby Betty ein Contergankind. Dabei tropfte ihr Glitter aus der Muschi – es ist also John Vaccaro zu verdanken, daß Glitter und Ausschweifung zu Synonymen wurden."

Vaccaro selbst sah Glitter als eine rein anarchistische, subversive Ausdrucksform. „Ich habe dieses Stilmittel nicht benutzt, um damit einen Trend loszutreten, es kam schon Mitte der fünfziger Jahre in meinen Aufführungen vor", betonte er. „Und ich wollte keineswegs Homosexualität propagieren. Mir kam es auf andere Dinge an. Es gab damals zwei Auffassungen. die der Homosexuellen und die der Theaterleute. Ich wollte soziale Inhalte transportieren, die anderen nicht. Glitter war für mich nichts weiter als eine Showeinlage, das schillernde, protzige Element Amerikas. Und so setzte ich es auch ein. Es sollte den Amerikanern ihr Land vor Augen führen. Nimm die blinkenden Farben des Times Square – was bliebe übrig, wenn du alle Lichter ausmachen würdest? Nichts."

Von den Transen des East Village, die Speed einwarfen, zur außerirdischen Pop-Gottheit Ziggy Stardust, die sich nachhaltig von der „Pork"-Inszenierung im Round House beeinflussen ließ, führt einer der wichtigsten Entwicklungsstränge des Glam.

„Ich glaube, Jayne County hat David erst auf diesen Trip gebracht", meint Bebe Buell, ein Stammgast des Max's. „Jayne und Leee Black Childers lehrten ihn alles über Drag Queens und Transvestiten, aber niemand hat ihnen je die richtige Anerkennung dafür gezollt. Bevor diese Verrückten ihn unter ihre Fittiche nahmen, wußte David überhaupt nichts von jener Szene. Er war ja auch eher ein gemäßigter Typ. Auch Angelas Anteil blieb bis heute ungewürdigt. Einigen Leuten ist es halt peinlich zuzugeben, woher sie ihre Ideen wirklich haben."

„Natürlich beeinflußten wir David bei der Änderung seines Images", sagt County, der als DJ des Max's bereits im Herbst 1971 Platten von Alice Cooper und Mott The Hoople spielte. „Jackie Curtis begann, sich die Augenbrauen zu rasieren, ich habe das nachgeahmt, und auf einmal lief auch David mit rasierten Augenbrauen und angemalten Fingernägeln herum." Der Einfluß sollte sich noch verstärken, als Tony DeFries den außerordentlichen Entschluß faßte, den „Pork"-Freaks die Leitung des amerikanischen Ablegers seiner neugegründeten Managementfirma MainMan zu übertragen. „Tony DeFries verpflichtete Cherry Vanilla, Leee Childers, Tony Zanetta und Jamie DeCarlo", bilanziert County, „all diese Freaks, die auch für Davids neuen Look verantwortlich waren. Ohne ‚Pork' hätte es MainMan oder Ziggy Stardust nie gegeben."

„Tony und David beschlossen, in Amerika zu leben", erinnert sich Laurence Myers. „Tony wollte dort ein Büro eröffnen, von dem aus er sich um die amerikanischen Angelegenheiten unserer Künstler kümmern könnte. Ich wußte, daß mich das ein Vermögen kosten würde. In Geldangelegenheiten war ich eigentlich immer sehr vertrauensselig, aber als diese beiden Wahnsinnigen einen US-Ableger auf meine Kosten betreiben wollten, kam bei mir doch Skepsis auf. Ich teilte Tony mit, daß ich MainMan am Anfang finanziell stützen würde, wollte als Gegenleistung aber ein Mitbestimmungsrecht – plus einen Anteil an den Gewinnen aus Management und Plattenverkäufen."

Im September 1971 flogen Bowie und DeFries nach New York, um einen Plattenvertrag bei RCA zu unterzeichnen, die kurz zuvor auch Lou Reed (unter maßgeblicher Beteiligung von Dennis Katz) verpflichtet hatten. Für den Abend hatte Katz ein Treffen zwischen Bowie und dem ehemaligen Frontmann der Velvets im Restaurant Ginger Man arrangiert. Umgeben von A & R-Leuten und der Journalistin

Lisa Robinson, die schließlich das Eis brach, machte Bowie Reed den Hof und erzählte ihm, daß sein neuer Song „Queen Bitch" eine Hommage an die Velvets sei. (*Auf das Cover von „Hunky Dory" waren die Worte „Some V.U. White Light Returned with Thanks" neben das Tracklisting gekritzelt.*) „David verhielt sich sehr zurückhaltend und schüchtern", so erfuhr Victor Bockris die Geschichte von Tony Zanetta. „Er war gerade in seiner Lauren-Bacall-Phase, mit Veronica-Lake-Frisur und Lidschatten. Er überließ Lou den Gang der Unterhaltung." Reed, vom Alkohol aufgedunsen und mit einer Frau verheiratet, die er zutiefst verabscheute, ließ sich auf Bowie ein. Vielleicht ahnte er, daß dieser merkwürdige Typ der Schlüssel zu seinem Comeback sein könnte.

Nach dem Abendessen marschierte man geschlossen weiter ins Max's Kansas City, wo Bowie, dank der Mithilfe von Lisa Robinson und Danny Fields, auf einen weiteren seiner amerikanischen Helden traf: den berüchtigten Iggy Pop. Ähnlich wie die Velvets verkörperten auch Pop und seine Band The Stooges die Abkehr vom Hippie-Idealismus der sechziger Jahre. Ihr erstes Album war ein Abgesang auf die „good vibrations" jener Dekade:

„Well, it's 1969 OK / All across the USA / It's another year for me and you / Another year with nothin' to do ..."

Als Performer war Iggy der hemmungsloseste Irre, der je eine Bühne betreten hatte. Den Kopf voll mit einem Cocktail aus Acid, Koks und Opiaten, trieb er sich bis an den Rand der reinen Selbstzerstörung. Wenn Reed der kalte, klinische Nihilist war – oder, in Camille Paglias Worten, ein dämonisierter Apollo –, dann war Iggy ein Dionysos auf Heroin.

Für Bowie stellte er die perfekte Ergänzung dar – das wilde Es zu seinem zivilisierten Ich. Iggy trieb die Niedertracht der Warhol'schen Superstars in ein Comic-haftes Extrem. Er war ein Freak, ein echtes „Rock 'n' Roll Animal". Seine Einstellung war purer Punk, Jahre bevor dieser erfunden wurde. Selbstverständlich lag ihm das Publikum des Max's zu Füßen. Eine Show der Stooges, 1970 im Ungano, beschrieb Leee Black Childers als „sehr sexuell, sehr anstößig und sehr verboten!" 1971, bei einem Auftritt im Electric Circus, entdeckte Iggy die Glam-Ästhetik für sich. Er besprayte sich mit Gold- und Silberfarbe und war am ganzen Körper mit Glitter bedeckt. Seine Show hatte mit dem Gothic-Zirkus eines Alice Cooper nur wenig gemein, es war Ridiculous Theater, ein anarchischer Ausbruch. „Alice Cooper war theatralisch, und er zog dabei alle Register", erinnert sich Alan Vega vom Minimal-Electro-Duo Suicide. „Aber bei Iggy war nichts gespielt, alles war echt."

Auch Bowie sah Iggys Auftritte als „natürliches" Theater an. „Es ist unglaublich interessant, weil es sich herkömmlichen Strukturen und Regeln des Theaters entzieht", befand er. „Es ist seine eigene Schöpfung, sein Detroit-Theater. Es kommt geradewegs von der Straße." Bowie behauptete zwar, daß in der Nacht im Max's „nichts Bedeutendes" beredet wurde, aber er und DeFries trafen sich schon am nächsten Morgen mit Iggy, um über eine Zusammenarbeit zu reden. „Ich glaube, Bowies Leidenschaft für ihn war in der Tatsache begründet, daß er gern in Iggys Rock 'n' Roll-Realität gelebt hätte", sagt Leee Black Childers. „Aber das konnte er nicht, denn er war nur ein kleiner Kunststudent aus dem Süden Londons, und Iggy war eine echte Detroiter Mülltüte. David Bowie wußte genau, daß er die Realität, in die Iggy hineingeboren wurde, niemals fassen würde. Deshalb wollte er sie kaufen."

„Man muß ihnen zugute halten", erzählte Iggy später Arthur Levy, „daß Bowie, DeFries und all die anderen Leute beim MainMan-Management ein ausgeprägtes Kunstverständnis hatten. Bei Bowie ist das immer noch so, auch bei DeFries. Tony hörte mir aufmerksam zu, wenn ich ihm von meinen Idealen oder meinen wirren Theorien über das Leben, das Theater und die Musik erzählte." Iggy sah in DeFries einen überlebensgroßen Werbemogul, eine Art neuen P. T. Barnum: „Ich dachte nur, wow, dieser Typ kann wirklich jeden überzeugen. Er rauchte die dicksten Zigarren, hatte eine große, spitze Nase und einen gigantischen Afro. Dazu noch dieser selbstgefällige Blick, sein englischer Akzent, der dicke Pelzmantel und sein Bauch. Den Leuten im amerikanischen Geschäft signalisierte das vor allem eines: heißer Manager!"

„Ich glaube, Glam gab Iggy einen Vorwand, sich in Glitter und Farben zu suhlen", sagt Bebe Buell. „Aber Jim Osterberg [Iggys bürgerlicher Name] hätte diese Dinge auch ohne den Glitter-Boom gemacht – sich mit Erdnußbutter einzuschmieren oder sich in zerbrochenem Glas zu wälzen. Er war ein Original, und nichts von alledem, was er anstellte, hatte mit Mode zu tun." Lou Reed stimmt dem zu: „Ich denke, daß Jim seinem Publikum mehr geben will als bloß Musik, und er würde dafür alle Hilfsmittel in Anspruch nehmen, die sich ihm bieten."

Wie wenn die Köpfe von Reed und Pop für sein Trophäenkabinett noch nicht ausgereicht hätten, erhielt Bowie nur einen Tag später eine

Audienz bei Warhol persönlich. Doch dieses Mal war die Atmosphäre ein wenig eisiger, besonders nachdem Bowie ihm seinen Song „Andy Warhol" vorgespielt hatte – bei der Zeile *„Andy Warhol looks a scream"* zuckte der Künstler, der sich seines Aussehens sehr wohl bewußt war, ängstlich zusammen. Aber der Anblick von Bowies gelben Lacklederschuhen konnte ihn schließlich versöhnen, so daß das Treffen herzlich zu Ende ging.

Als Bowie nach England zurückkehrte, immer noch berauscht von den Begegnungen mit seinen Idolen, bastelte er fleißig an seinem Weg zum Ruhm. Im Dezember erschien das Album „Hunky Dory", doch da war Ziggy Stardust bereits konzipiert, zum Leben erweckt und in Musik umgesetzt.

Ziggy Stardust

„I could play the wild mutation as a rock and roll star ..."

David Bowie

Wir werden wohl nie erfahren, was genau sich in David Bowies Kopf zwischen September 1971 und Januar 1972 abspielte, aber man kann sicher davon ausgehen, daß es mit seinen New-York-Erfahrungen zu tun hatte. Die Idee, ein Alter ego in Gestalt eines Superstars zu erfinden, war ein beispielloser Geistesblitz, eine Konstruktion, die das Rockstar-Dasein gleichzeitig parodierte und übersteigerte. Daß dieses Alter ego ein außerirdisches Zwitterwesen war, kam einem Geniestreich gleich. „Alles entstand aus einer spontanen Vision heraus", erzählte er Ben Fisher 1997. „Ich hatte einen langen Tagtraum, in dem mir das Konzept in all seinen Facetten klar wurde."

Ähnlich beispiellos war auch der musikalische Quantensprung von „Hunky Dory" zu „The Rise And Fall Of Ziggy Stardust And The Spiders From Mars". Bowie und Ronson wählten einen Mittelweg zwischen dem futuristischen Blues-Metal von „The Man Who Sold The World" und den melodischen „Honky Dory"-Balladen und kreierten so den perfekten Poprock-Sound der Siebziger: laut, glühend und apokalyptisch, so künstlich und gitarrenlastig wie die Songs von T. Rex, ein Bastard aus den Velvets und den Stooges, vermischt mit einem Schuß Syd Barrett und Anthony Newley. Als Konzeptwerk klang „Tommy" von The Who daneben geradezu bombastisch.

Um Ziggy den Blitzstart zu verschaffen, nach dem er verlangte, verwandelte sich Bowie in einen polysexuellen außerirdischen Freibeuter, der bevorzugt karottenfarbene Bofist-Frisuren, schneeweißen Teint und hautenge PVC-Overalls trug, die seine ohnehin schlaksige Figur noch überbetonten. Anders als Iggy Pop oder Mick Ronson wirkte Ziggy vorsätzlich nicht sexy. Auch ließ er die engels- und elfengleichen Züge eines Bolan vermissen. Die Metamorphose verlief nach einem brillanten Plan: Bowie erschuf sich ein anderes Ich, einen Doppelgänger. „Mit Ziggy hatte er jemanden, der sich schützend vor ihn stellte", schrieb Angie. „David mußte in der Öffentlichkeit nicht länger er selbst sein, wenn er es nicht wollte."

„Warte nur, bis du die Bühnenshow siehst", sagte Bowie im Januar zu George Tremlett. „Es wird das pure Entertainment sein, denn genau das ist es, was der Popmusik im Moment fehlt – Entertainment. Außer mir und Marc Bolan gibt es niemand mehr, der die Grenzen überschreitet. Die Beatles waren zu einem gewissen Punkt zügellos und natürlich auch Mick Jagger, aber du kannst nicht fünf Jahre an der Spitze stehen und weiterhin zügellos sein. Irgendwann wirst du akzeptiert, und damit ist deine Wirkung dahin."

Um den Medienrummel weiter zu steigern, lehnte sich Bowie nur einen Tag später noch weiter aus dem Fenster und gestand Michael Watts vom „Melody Maker", er sei schwul und „es auch schon immer gewesen". Die Tatsache, daß dies nur bedingt der Wahrheit entsprach – Bowie hatte homosexuelle Neigungen, war im Prinzip aber ein Hetero –, spielte dabei keine Rolle. (Watts durchschaute die Strategie, denn er schrieb in seinem Artikel: „Die gespielte Gelassenheit und das spitzbübische Grinsen verraten ihn. Er weiß nur zu genau, daß es in diesen Zeiten angesagt ist, sich wie eine männliche Nutte zu benehmen und daß im Schockieren und Danebenbenehmen ein gewisser Reiz liegt, für den die Popmusik schon immer offen war.")

Sechs Jahre später sollte Bowie demselben Journalisten eingestehen, daß er nicht wußte, was ihn zu diesem Outing veranlaßt hatte: „Es war sicherlich keine kalkulierte Sache. Ich war gerade dabei, Ziggy zum Leben zu erwecken und fing an, mich mit dieser Rolle zu identifizieren. Einige – aber nicht alle – meiner Eigenschaften und persönlichen Erfahrungen flossen in die Rolle mit ein, und bang! – schon war Ziggy geboren."

Apropos sich mit einer Rolle identifizieren: Bowie war vielleicht nicht schwul, aber sehr wohl Ziggy Stardust – und er war noch eine Menge mehr. „Um an ihn zu glauben, mußte David zu Ziggy werden", sagte Mick Ronson. „Ja, Ziggy beeinflußte Davids Persönlichkeit und David die von Ziggy. Sie zehrten voneinander." Darüber hinaus wurde es Bowie erst durch Ziggy möglich, zu einer Ikone der Andersartigkeit zu werden, die neben Lou Reed und Iggy Pop bestehen konnte.

„Ziggy hat für mich seinen Zweck erfüllt", erinnerte sich Bowie. „Es war viel einfacher, durch ihn gesehen zu werden, obwohl ich mich dadurch auf einen psychologisch gefährlichen Pfad begeben hatte. Anfangs dachte ich aber, daß es leichter wäre, mein Leben als anderes Ich zu leben."

1987 berichtete Bowie, daß Ziggys Geburt mit „ziemlicher Feindseligkeit" aufgenommen worden war: „Es war zwar nicht mit den Anfangstagen der Pistols zu vergleichen, aber die ersten Monate waren nicht leicht für mich. Bevor wir unseren musikalischen Durchbruch hatten, kamen die Leute nur schwer mit uns klar. Unser Outfit und unser Gehabe wurden überall mit den Worten kommentiert: ‚Schau dir mal die Schwuchteln an.' Aber wir fanden das lustig. Wir haben wirklich sehr dick aufgetragen, und es war das rebellischste Verhalten, das du damals an den Tag legen konntest."

Tony DeFries war mehr als glücklich, aus dem Skandal um Bowies Auftreten Kapital schlagen zu können. „Meiner Ansicht nach war Tony nie ein begabter Manager, aber bei Bowie hat er wirklich brillante Arbeit geleistet", meint Laurence Myers. „Er hatte schnell eingesehen, daß David ein unglaublich talentierter Junge war – einer, der die Massen nur so anziehen würde. Also hat er sich zwischen die Welt und ihn gestellt. Wenn du zu Bowie wolltest, mußtest du erst an Tony DeFries vorbei." Als im April „Starman" als Single veröffentlicht wurde, begann der Hype, sich auszuzahlen. Auf der Bühne mit den Spiders From Mars mimte Bowie Fellatio an Mick Ronsons Gitarre. Ein Gimmick, der Ronsons ohnehin riesigen Sex-Appeal nur weiter förderte. Mit der Veröffentlichung des „Ziggy Stardust"-Albums im Juni nahm die Bowiemania dann ihren Lauf. „Der Erfolg kam über Nacht", erzählte Mick Ronson. „Wir wachten eines Morgens als Superstars auf, ohne daß uns irgend jemand darauf vorbereitet hatte."

„Was DeFries David geben konnte, war ein finanzielles Netz, und das machte schon einiges aus", so Visconti, dessen Mißtrauen gegenüber DeFries zum Split mit Bowie führte. „Erst die Sicherheit, die DeFries ihm gab, ermöglichte ein so großartiges Album wie ‚Hunky Dory' und den späteren Geniestreich ‚Ziggy Stardust'. DeFries war wie eine Maschine, die alles verkaufen konnte, was Bowie sich ausdachte. Selbst wenn David nicht mehr hätte sein wollen als ein gewöhnlicher Popstar – DeFries hätte ihm auch das ermöglicht."

„MainMan war auf seine Weise sehr wichtig für mich", gab Bowie später zu, „denn ohne den ganzen Zirkus, der sich dort abspielte, hätte ich wohl niemals ein so verruchtes Image aufbauen können. Ohne diese Nervenbündel wären einige der besten Sachen vielleicht nie ans Licht gekommen. Erst durch die Anstrengungen von Tony und einigen Verrückten, die damals frei dort rumliefen, sind sie realisiert worden. Ich glaube, daß ich diesen Leuten irgendwie Dank schulde."

Bowies großes Geschenk an Legionen unzufriedener britischer Teenager war die indirekte Einladung, seinem Beispiel zu folgen und sich neu zu erfinden – zu schauspielern und stilvoll aufzubegehren. Nach Jahren der Niedergeschlagenheit angesichts der Rockmusik ihrer älteren Brüder verwandelten sich die „Kids" auf einmal in ein Rudel sonderbarer Freaks, ein Haufen Science-fiction-Pfaue von Ziggys Gnaden. Es war derselbe Geist, in dem auch eine Drag Queen ihre selbsterklärte Blaublütigkeit formulierte: Ich mag schwach und sexuell abartig wirken, aber ich bin eine Königin, majestätisch in meiner Andersartigkeit. Bolan hatte den Stein ins Rollen gebracht, aber Bowie brachte das „Jeder ist ein Star"-Motto auf ein höheres Level. Ob als Bowie-Boy oder Bowie-Girl – jeder konnte sein Recht auf Selbstbestimmung im grauen, von Edward Heath regierten Großbritannien wahrnehmen. Die Leute waren gezwungen hinzuschauen – und manchmal auch hinzuschlagen.

Symbolischer hätte es nicht kommen können. Ausgerechnet an dem Abend, an dem Bowie seinen Ruf zementierte, bei einer Show am 8. Juli 1972 in der Londoner Festival Hall – der Melody Maker titelte „A STAR IS BORN" –, trat Lou Reed auf die Bühne seines Schülers und gab „Waiting For The Man", „White Light / White Heat" und „Sweet Jane" zum besten, wobei ihn Bowie und die Spiders enthusiastisch begleiteten.

Vielleicht wußten einige Zuschauer schon, daß Reed – zusammen mit Bowie und Ronson – dabei war, sein zweites Album für die RCA einzuspielen. (Das erste, im Dezember des vorangegangenen Jahres in London aufgenommen, war ein wenig erfolgversprechendes Solo-Epos gewesen, das sich aus unveröffentlichten Velvet-Nummern und glanzlosen Neukompositionen zusammensetzte.) Eine Woche nach dem Gig in der Festival Hall lud Bowie Reed und den gerade von MainMan verpflichteten Iggy Pop zu einer Pressekonferenz ins Dorchester Hotel ein. Hier sollten eigentlich einige amerikanische Schriftsteller, die Tony DeFries aus New York eingeflogen hatte, der Öffentlichkeit präsentiert werden. „Der Alkohol floß in Strömen, und überall schallte nervöses Gelächter“, erinnert sich Charles Shaar Murray. „Selbstbewußtsein lag wie tödliches Gas in der Luft, und fast jeder fiel ihm auf die eine oder andere Art zum Opfer ...“

Bei dieser Konferenz betraten Reed und Pop offiziell die Bühne des Glamrock. Iggy trug ein T-Shirt mit T. Rex-Aufdruck und hatte silbern gefärbtes Haar, während Reed auf hohen Plateauschuhen und mit schwarzlackierten Fingernägeln in den Raum stolzierte und Bowie einen feuchten Kuß auf die Lippen drückte. In der gleichen Woche trug Reed Glitter und Lidschatten bei einem Konzert im King's Cross Cinema in London, bei dem er die Saat für seine „Phantom Of Rock“-Figur auslegte. „Ich hatte einige englische Bands gesehen, die echt tuntig wirkten“, erinnert er sich. „Bei den Velvets trugen alle nur Schwarz, so bildeten wir eine einzige Projektionsfläche. Dann hat sich alles verändert, und ich bin einfach mit dem Strom geschwommen. Als ich nach London kam und ‚White Light‘ mit Bowie spielte, sagte Angie zu mir: ‚Oh, Lou, warum versuchst du es nicht mal mit anderen Klamotten?‘ Und das war dann das erste Mal, daß ich es probierte.“ Reed hat oft betont, daß „das ganze Glam-Ding sehr gut für mich war“: „Ich hatte es vorher schon bei Warhol gesehen, aber ich selbst hatte mich nie soweit vorgewagt. Die Siebziger boten mir eine Chance, noch einmal von vorne anzufangen. Und da mich keiner mehr kannte, konnte ich vorgeben, alles mögliche zu sein. Ich habe das von Andy gelernt: Du kannst alles sein.“

Bezeichnenderweise geht die Entstehungsgeschichte von „Transformer“ auf eine Anfrage Andy Warhols zurück. Warhol war auf der Suche nach geeigneten Songs für ein Broadway-Musical, das auf dem Roman „A Walk On The Wild Side“ von Nelson Algren basierte; Warhol hatte den Titel „Vicious“ vorgeschlagen und damit den Anstoß zum ersten Song auf „Transformer“ gegeben. Es folgten rasch die Stücke „Make Up“ und „New York Telephone Conversation“. Schließlich wurde „Walk On The Wild Side“ geboren – eine brillant-unverschämte Reminiszenz an die Warhol-Welt, in der Stars aus der Factory wie Candy Darling, Holly Woodlawn und Joe Dallesandro auftauchen. Wie auf dem ganzen Album wird in „Wild Side“ die Verästelung zwischen den Sechzigern (Factory) und den Siebzigern (Glam) überdeutlich, und genau das wollte Bowie mit dieser Platte erreichen. „Transformer“, stark beeinflußt von Filmen wie „Flesh" (1968) und „Trash" (1970), spiegelte den Hang der Halbwelt aus der Factory und dem Max's zu flippiger, amoralischer Musik. „Die Glam-Leute wissen, wo ich stehe, und die Schwulen wissen, wo ich stehe", sagte Reed. „Ich schreibe schließlich Songs für sie alle. Dieselben Dinge habe ich auch schon 1966 gemacht, nur daß die Menschen damals viel verklemmter waren."

„Es war die große Zeit der Homosexuellen", schrieb Tom Hedley in einem Artikel für Esquire. „Die Schwuchteln waren unsere neuen Nigger. Homosexualität war schick. Die Gay-Kultur zeigte Selbstbewußtsein, und wir waren sehr offen für Freundschaften mit Schwulen und Lesben ... Sie waren die modischsten Leute in der Stadt, sie betrieben Galerien, die besten Clubs und gaben die besten Partys." Ein Rockjournalist beschrieb 1972 als „das Jahr der transsexuellen Freaks".

Vielleicht hätte man „Transformer" in „Transformed" umbenennen sollen, seit Bowie die Rolle eines echten Transformers übernommen hatte und zum Katalysator wurde, der Reed, den Godfather Of Glam, wieder aus der Versenkung holte. (*„We're coming out / Out of our closets, out on the street"*, sang Reed in „Make Up"). So wie Mick Ronson während der Sessions im Trident Studio die zündenden musikalischen Ideen zufielen – der gleiche Ronno, der mit Reeds Halbwelt rein gar nichts am Hut hatte –, war es Bowie mit seiner Faszination für Reeds Milieu, der „Transformer" die Vision und den Zusammenhalt gab.

„Es war sehr interessant mitanzusehen, wie sich die ganze Sache um Ziggy entwickelte", sagt Reed. „Irgendwie erschien es mir anfangs gar nicht so aufregend, da ich solche Dinge aus der Warhol-Szene kannte, aber dann realisierte ich, daß es in London und nicht in New York passierte. All diese Menschen fingen an, sich wie Ziggy zu kleiden, es muß ein Riesenspaß gewesen sein. Das vergessen die Leute im nachhinein leicht – daß es eine Teenager-Rebellion war und daß es unglaublich Spaß gemacht hat." Ein Vierteljahrhundert nach seiner Aufnahme steht „Transformer" als das vielleicht wichtigste Zeugnis der Glam-Epoche da: ein Dokument der Andersartigkeit, das den sadistischen Geist der Factory verewigt hat. „Nur weil Lou und ich die Speerspitzen einer neuen Bewegung sein sollen", so Bowie bei der Pressekonferenz im Dorchester Hotel, „heißt das nicht, daß diese Bewegung eine positiv denkende ist. Jede Gesellschaft, die es Leuten wie uns erlaubt, sich so zügellos zu benehmen, befindet sich in verdammten Schwierigkeiten."

An die gruselige „Phantom Of Rock"-Rolle, in die Lou Reed seinerzeit schlüpfte und die er erst ein Jahr nach der Veröffentlichung des Albums wieder ablegen sollte, erinnert er sich heute selbstkritisch: „Es war bequem, sich hinter ihr zu verstecken und sie als Schild gegen die Außenwelt zu tragen. Bequem war es auch, daß sie mir förmlich angeboten wurde. Ich mußte nichts dafür tun. Aber nach einer Weile fühlte ich mich wie in einer Zwangsjacke. Es war einengend, und ich spürte das Verlangen, Dinge zu tun, die darüber hinausgingen. Natürlich war ich nicht der einzige Mensch in New York, der so rumrannte, aber ich bin eben ein Künstler und wollte weiterkommen. Schließlich verkörperte ich die Rolle so sehr, daß es fast zu einer Parodie ausartete. Die Leute wußten nicht mehr, ob ich etwas ernst meinte oder nicht. Zusehends verschwammen die Grenzen zwischen Realität und Fiktion. Es war zu einem Drahtseilakt geworden, der dir – egal von welcher Warte aus betrachtet – mächtig Angst einjagen konnte."

Während „Transformer" abgemischt wurde und die Ziggymania ins Rollen kam – Reed ließ sich sogar dazu hinreißen, Bowies Show im Londoner Rainbow vom 19. August als „das Größte, was ich je gesehen habe" zu preisen –, hatten sich auch die anderen Vorbilder Ziggys in einem Aufnahmestudio in London eingefunden. Wie Reed traten auch Iggy & The Stooges im Juli im King's Cross Cinema auf – ein Konzert, das für seine wüsten Auswüchse in die Rock-Annalen eingegangen ist. („Der Eindruck war beängstigender als der aller Alice Coopers und ‚Clockwork Oranges' zusammengenommen", schrieb Nick Kent im New Musical Express. „Es war keine Show, diese Typen meinten es ernst.") Im Gegensatz zu Lou Reed schlug Iggy Pop es höflich aus, sein Album von Bowie produzieren zu lassen. Er meinte, diese Aufgabe müßte er selbst bewältigen.

Tony DeFries brachte es fertig, der CBS die unglaubliche Summe von 100.000 Pfund als Vorschuß für die Stooges zu entlocken. Daraufhin begab sich die Band in die CBS-eigenen Studios in London, um manische Iggy-Kompositionen wie „Gimme Some Skin", „(I'm) Sick Of You", „Tight Pants" und „Search And Destroy" aufzunehmen – letzteres schrieb Iggy übrigens vollgepumpt mit chinesischem Heroin an einem Nachmittag in Kensington Gardens.

Als DeFries den verzerrten Lärm auf den ersten Demos hörte, war er entsetzt, denn er hatte sich ein weiteres „Transformer"-Album – mit Bowie am Ruder – erhofft. In einem Wutanfall befahl er der Band, alles bis auf „Search And Destroy“ und das Riff zu „Tight Pants“ (welches später in „Shake Appeal“ verwendet wurde) wegzuwerfen. „Wir gingen also ins Studio und nahmen diese Platte auf, diesen höllischen Bastard“, bemerkt Iggy bissig. „Keiner von MainMan kam je zu uns ins Studio, wir waren ganz auf uns allein gestellt. Auch Bowie war nicht dabei. Sie standen auf dem Standpunkt: ‚Okay, es wird sowieso ein absolutes Desaster, laßt sie halt machen, was sie wollen.‘“ Das Ergebnis war das mächtige „Raw Power“. Es kam im Juli 1973 auf den Markt, nachdem es von Bowie und Iggy – grauenvoll, wie viele Stooges-Fans meinten – remixt worden war. Mit Fotos von Mick Rock auf dem Cover, die Iggy als ausgeflippten, transsexuellen Jim Morrison stilisierten, war „Raw Power“ ein punkrockiger Höllentrip, das fehlende Bindeglied zwischen den Stones von „Street Fighting Man“ und den Sex Pistols von „Anarchy In The UK“. Ein Monster, das sich radikal von „Ziggy Stardust“ oder „Transformer“ unterschied. 25 Jahre später arbeitete Iggy an einem Remix des Albums, mit dem Ziel, die Qualität der Band neu einzufangen, die er als „ripsnortin', super-heavy, nitro-burnin', fuel injected“ beschrieb und mit der es „zu ihrer Zeit niemand aufnehmen konnte“. Aber auch ihm gelang es nicht, den Schaden wiedergutzumachen, der den Stooges durch Tony DeFries' Vorsichtsmaßnahmen zugefügt worden war.

Weitaus zuversichtlicher war DeFries dagegen bei Mott The Hoople, einer weiteren MainMan-(und CBS-)Band. Die Musiker hatten bereits vier Alben für Island eingespielt mit einem Mix aus schlampigem, Stones-beeinflußtem Rock 'n' Roll („Walkin' With A Mountain“) und rauhen dylanesken Nummern („Sweet Angeline“). Nach einem Konzert am 26. März 1972, das später auf „The Ballad Of Mott The Hoople“ verewigt werden sollte, hatten sie jedoch das Handtuch geschmissen. Als David Bowie die Nachricht vom Split der Gruppe erhielt, ermutigte er sie weiterzumachen. Er bot ihnen „Suffragette City“ an – und schrieb gleich noch einen Song für sie, den er ihnen in Tony DeFries' Büro vorspielte.

„Ich wußte sofort: Das ist es, das ist der Song, auf den ich mein ganzes Leben lang gewartet habe“, erinnert sich der Sänger der Band, Ian Hunter. Der Titel hieß „All The Young Dudes“, und im Sommer des Jahres 1972 wurde er zur Hymne des Glam schlechthin. Die unwiderstehliche Dreieinhalb-Minuten-Nummer war ein Fanal für eine Teenager-Generation, die bereits von Bowie und Reed angestachelt worden war.

„The television man is crazy / Saying we're juvenile delinquent wrecks / Oh man, I need TV when I got T. Rex ...“

Von Mick Ralphs' schlangengleichem Gitarren-Intro bis zu Ian Hunters Beschwörungen im Fadeout war „Dudes“ ein einziges Manifest des Stolzes; ein Song, der schrie: Wir sind jung und schnell, wir leben glamourös und sind wahrscheinlich mit 25 ausgebrannt; wir mögen schwul sein, aber wir klotzen ran. Die Tatsache, daß hinter diesem Stück eine aus Dorfjungen zusammengewürfelte Band stand, die nie zuvor mit androgynem Verhalten kokettiert hatte, interessierte kaum jemanden – schließlich war es ein Bowie-Song (man konnte David sogar als Hintergrundsänger heraushören). Die Single erreichte im August den dritten Platz der Single-Charts, und auch das gleichnamige Album wurde ein Erfolg. Live schrammte die Band weiterhin ihren typischen Honky-Tonk-Rock, aber sie nahm auch „Sweet Jane“ von den Velvets oder an Bowie erinnernde Nummern wie „Sucker“ und „Sea Diver“ in ihr Repertoire auf.

Waren Mott The Hoople also eine Glam-Band oder nicht? Nicht wirklich, wenn es nach Mick Rock geht: „Sie waren eine Band von Landeiern, die nichts von der Raffinesse eines Bowie hatten.“ Etwas versöhnlicher drückte sich ein junger Steven Morrissey in seiner Abhandlung über die New York Dolls aus: „Für einen kurzen, hysterischen Moment galten Mott als halbwegs glaubwürdige Glam-Kapelle, obwohl sie in ihren Songs unverhohlen Dinge wie *‚Don't wanna be hip / but thanks for the great trip‘* verkündeten.“ Auch wenn Mott The Hoople den Szene-Lifestyle augenscheinlich begrüßten – am offensichtlichsten ihr stets aufgedonnerter Bassist Overend Watts –, gab es bei ihnen doch einen latenten Schwulenhaß und tief verwurzelten Chauvinismus, erkennbar unter anderem an Ian Hunters Kommentaren über „Schwuchtel-Rock“ in seinem „Diary Of A Rock 'n' Roll Star“. So bemerkte er über Brownsville Station, die am 29. November 1972 ein Mott-Konzert in Philadelphia eröffneten: „Es ist schon verrückt, mitansehen zu müssen, wie sich echte Männer in einen Haufen Tunten verwandeln können.“ Gleichzeitig ist es amüsant zu lesen, wie Hunter im selben Abschnitt Bowies Begeisterung über die New York Dolls registriert.

Was also sah Bowie in diesem Faces-Verschnitt, der nicht viel mehr zu bieten hatte als Les-Paul-Riffs, Al-Kooper-Orgelakkorde und einen Sänger, der wie ein heruntergekommener Bob-Dylan-Klon ins Mikro krächzte? Bestimmt nicht dasselbe wie in Lou Reed oder Iggy Pop. Aber selbst wenn Mott The Hoople für ihn nur Mittel zum Zweck waren, um eine zeitlose Glam-Hymne unter die Leute zu bringen, so ist es das wert gewesen.

„Boogaloo dudes / Carry the news ...“

Alles, was glitzert

„It was a brilliant pop era, wasn't it?
The last proper pop era, probably ..."

Mickie Most

Am Morgen des 19. März 1972, nach einem historischen T. Rex-Konzert im ausverkauften Empire Pool in Wembley, titelte eine Tageszeitung: „The Day Pop Came Back". Damit hatte die T. Rexstasy nun ihre offiziellen Weihen, und unzählige Glitter-Girls und -Boys lagen ihrem Idol Marc Bolan zu Füßen. „Ich habe noch nie so viele hübsche Vierzehnjährige gesehen wie bei T. Rex in Wembley", verkündete Charles Shaar Murray in „Creem". Und die Vierzehnjährigen ließen sich auch nicht von ihrer Hysterie abbringen, als Marc einen Rückfall in alte Folk-Zeiten erlitt und sich für „Cosmic Dancer" im Schneidersitz auf dem Boden niederließ.

Das Jahr 1972 lief für Bolan sogar noch besser als das vorangegangene: Er landete zwei Nummer-eins-Hits (mit den genialen Singles „Telegram Sam" und „Metal Guru"), brachte mit „The Slider" ein ordentliches Album heraus, und sein gefälliger, von Ringo Starr produzierter Film „Born To Boogie" wurde gerade rechtzeitig zu Weihnachten fertig. Aber die Konkurrenz schlief nicht: Da war einmal David Bowie, dessen Fusion aus Teen-Pop und Art-Rock ohne T. Rex gar nicht möglich gewesen wäre. Und diverse Bolan-Epigonen standen in den Startlöchern.

„Bolan hat das Glam-Rock-Ding gestartet", meint Mike Leander, Produzent und kreativer Kopf hinter Gary Glitter und seiner Glitter Band. „Er begann damit, sich Glitter und Make-up ins Gesicht zu schmieren und in Samtklamotten und Federboas aufzutreten. Beim Glam-Rock war nur das Spektakel wichtig. Deshalb wurden Platten so gemacht, daß man sie förmlich sehen und spüren konnte – anders als in den Sechzigern, wo die Scheiben nur zum Hören und Jointrauchen da waren. Das

Publikum wurde jetzt Teil der Show, es zog sich verrückte Klamotten an und feierte eine riesige Party. Bowie hatte den größten Erfolg, weil er sich musikalisch weiterentwickelte. Seine Musik sprach schon immer ein etwas älteres Publikum an, während die Zielgruppe von Gary und Bolan eher die Fünfzehn- bis Achtzehnjährigen waren."

„Mit Bolan hat es ohne Zweifel angefangen", sagt Nicky Chinn, der unzählige Glam-Hits für The Sweet und Suzi Quatro mitkomponierte. „Er war der Vorreiter. Ich hatte ihn schon zu seinen Tyrannosaurus-Rex-Zeiten gesehen, und die Verwandlung, die er danach durchmachte, war faszinierend. Keine Frage, ‚Ride A White Swan' inspirierte mich und Mike Chapman. Wir dachten nur: Hey, das ist unglaublich, etwas ganz Besonderes. Keiner konnte ahnen, daß dieser Song eine ganze Bewegung auf den Plan rufen würde, aber wir waren uns von Anfang an bewußt, daß Glam keine Eintagsfliege war. Zu der Zeit konzentrierte man sich eher auf die Musik als aufs Image. Bolan war der erste, der großartige Platten machte und auch so großartig aussehen wollte. Aber das geschah nach seinem Willen. Die Popindustrie wurde damals noch nicht von den Marketingleuten beherrscht. Es gab zwar einmal pro Woche ‚Top Of The Pops', aber davon abgesehen waren Musiker nicht visuell präsent. Man baute nicht systematisch ein bestimmtes Image auf – das ergab sich von selbst. Nimm Elvis, er hatte ein unglaubliches Image, aber ich glaube nicht, daß er Hintermänner hatte, die daran arbeiteten. Das gleiche galt für Bolan."

Die nächsten Anzeichen dafür, daß es im Untergrund brodelte, erkannte Chinn, als er ein paar Hinterwäldler aus Brummie sah, die sich bereits Mitte der Sechziger zusammgefunden und auch schon einige Alben aufgenommen hatten. Nachdem die Band ihren Namen von 'N Betweens in Ambrose Slade geändert hatte, nahm sich der Jimi-Hendrix-Manager Chas Chandler ihrer an. Mit einem weiteren Namenwechsel zu Slade wurden sie zu einer Skinhead-Band, die 1970 den Stampfer „Wild Winds Are Blowing" veröffentlichte. Obwohl sie mit dem rauhen Sound der Nachfolgesingle „Get Down And Get Down With It" 1971 zum Glam konvertierten, sahen Slade immer noch aus wie Hooligans im Clownskostüm, und auf der Gitarre des trotteligen Gitarristen Dave Hill konnte man das Wort SUPERYOB lesen. Im Oktober desselben Jahres landeten sie ihren ersten Nummer-eins-Hit mit „Coz I Luv You", das sich anhörte, als würde Family-Frontmann Roger Chapman mit einem Zigeunerorchester musizieren. Die fehlerhafte Schreibweise des Titels war ein augenzwinkerndes Prahlen mit ihrer eigenen Einfältigkeit und fand sich auch auf ihren vielen Hits in den kommenden zwei Jahren wieder. Unvergeßlich für jeden damaligen Teen war der erste Anblick der bescheuerten Hosenträger von Sänger Neville „Noddy" Holder oder des riesigen Fransenhuts von Dave Hill! Aber obwohl sie sich so sehr herausputzten, hatten sie fast nichts Weibliches an sich. Dabei beeinflußte ihre Garderobe eine ganze Generation von Glam-Rockern – von The Sweet über die Spiders From Mars bis zu Arthur Harold Kane von den New York Dolls: Holzköpfe mit Eyeliner wurden ebenso zum Inbegriff des Glam wie tuntige Homosexelle.

Slade waren laut Michael Bracewell die Jungs, „die der Hippie-Sensibilität und der pedantischen Virtuosität von Gruppen wie Yes oder Emerson, Lake & Palmer einen kräftigen Arschtritt mit ihren übergroßen Plateauschuhen verpaßten." Noddy Holder formulierte: „Die Fans haben die Nase voll von Bands, die ungeteilte Aufmerksamkeit verlangen, sich gleichzeitig aber nicht im geringsten für ihr Publikum interessieren." Während die britischen Teenager ältere Brüder (und selbst Schwestern) hatten, die Progrock-Fanatiker und Deadheads waren, erwachten sie selbst nun langsam aus ihrem Bubblegum-Schlaf und begannen, zu den harten Beats und fetten Gibson-Riffs eines Pop-Sounds zu tanzen, der ihnen „Party-Time" signalisierte. Waren Slades Alben auch nicht gerade Meisterwerke, so feierten sie laut Stephen Barnard doch „das Zusammengehörigkeitsgefühl einer ganzen Teenager-Generation" – explosiver, unverfälschter Rock, zu dem man tanzen und das andere Geschlecht erforschen konnte. *„Cum on feel the noize / Girls grab the boys ..."*

The Sweet waren schon fast so lange dabei wie Slade, als sie 1971 auf den Glam-Zug sprangen. Ihr Stil entsprach aber eher dem charttauglichen Bubblegum-Sound, obwohl auch leichte Anleihen an Hardrock und Metal durchschimmerten. „Anfang 1971 hatte die Popszene nichts zu bieten", meint Nicky Chinn. „Alles war so harmlos und unvorstellbar langweilig. Es war die Zeit von Tony Macaulay, Roger Cook und Roger Greenaway – alles großartige Komponisten, aber gleichzeitig waren sie auch sehr soft und uninteressant. Als wir noch auf der Suche nach unserem eigenen Stil waren, haben wir uns von diesen Leuten inspirieren lassen, hauptsächlich von ‚Love Grows (Where My Rosemary Goes)', ‚Gimme Dat Ding' und ‚Sugar Sugar'. Kein Wunder, daß uns danach nur Songs wie ‚Funny Funny' (der erste Sweet-Hit im Frühjahr 1971) einfielen. Aber es war klar, daß die Leute auf etwas Neues, etwas Großes warteten, selbst wenn es ein eher unbewußtes Warten war."

Chinn hatte seinen späteren Partner Mike Chapman um 1970 im Tramp an der Jermyn Street kennengelernt, wo damals die gesamte Londoner Popwelt verkehrte. Chapman jobbte in dem Club als Kellner und spielte in seiner Freizeit in einer Popband namens Tangerine Peel; Chinn arbeitete bereits als Songwriter, sein damaliger Partner war der Ex-Manfred-Mann-Sänger Mike D'Abo. Chinn und Chapman schrieben für The Sweet eine ganze Reihe von Bubblegum-Hits – inklusive dem Nummer-zwei-Knaller „Co-Co" vom Juni 1971 –, ehe sie mit „Wigwam Bam" im September 1972 die Band in Richtung Glam steuerten. „Ob Marc Bolan Einfluß auf uns hatte?", fragt sich Chinn. „Gut, wir haben uns nie hingestellt und gesagt: ‚Wir wollen Bolan kopieren', aber ich glaube schon, daß sein Erfolg eine Tür für uns geöffnet hat. Als dann Slade aufkamen und Bowie mit derselben Masche seinen endgültigen Durchbruch hatte, war ohne Zweifel ein Trend geboren. Aber man sollte auch nicht das Drängen von seiten der Sweet-Jungs unterschätzen. Schließlich waren sie nicht allzu glücklich, andauernd Songs wie ‚Funny Funny', ‚Co-Co' oder ‚Poppa Joe' spielen zu müssen. Als diese Titel Erfolg hatten, merkten sie, daß es nicht unbedingt der Stil war, mit dem sie bekannt werden wollten. Also haben sie Druck auf uns ausgeübt."

Der aufgemotzte, turbogetriebene „Chinnichap"-Sound – Bubble-Punk könnte man fast sagen – erreichte seinen Höhepunkt 1973/74, als The Sweet eine Reihe großer Hits landen konnten, angefangen beim Megaseller „Blockbuster" bis zum wilden „Teenage Rampage". Die Songs folgten alle dem gleichen, trashigen Strickmuster. Sie wurden in atemberaubender Geschwindigkeit in Chinns Wohnung in der Hill Street geschrieben, um anschließend in den Island oder Audio International Studios von Chapman peinlich genau in die richtige Form gepreßt zu werden. „Der Sound folgte einem bestimmten Design", so Chinn. „Es steckte mit Sicherheit mehr Kalkül dahinter als bei Bowie, aber wir hatten schon auch unsere Überzeugungen: den Kids den Pop zurückzugeben, etwas, zu dem sie tanzen und worauf sie schlicht und einfach abfahren konnten. Das gehört vielleicht zu jenem Alter dazu, daß man einfach seinen Spaß haben und nicht dauernd alles hinterfragen will. Heute klingen viele Platten recht roh und punkig, und nicht wenige behaupten, daß The Sweet die erste Punkband überhaupt waren! Bubblegum konnte man irgendwie in keiner Weise ernst nehmen, doch der Pop, den wir geschrieben haben, das war ein Ding, das Ecken und Kanten hatte: harte Gitarren, donnernde Drums, eine gehörige Portion Led Zeppelin."

Die Band um Brian Connolly, den fönfrisierten Frontmann mit der goldenen Mähne, sowie Steve Priest, den schmollmündigen, stets in ein Cape gehüllten Bassisten, avancierte schnell zum Stammgast in den Charts und bei „Top Of The Pops". „Daß aus Steve so eine schillernde Bühnenfigur wurde, hatte niemand geplant, es kam von ihm selbst", bekräftigt Chinn. „Der kleine Gesangspart, den er seit ‚Wigwam Bam' übernahm, sicherte ihm live eine Menge Aufmerksamkeit. Da gibt es diese Geschichte, die Sweet perfekt charakterisiert. Sie waren bei ‚Top Of The Pops' eingeladen und sollten ‚Ballroom Blitz' spielen. Steve verhielt sich den ganzen Tag über sehr merkwürdig. Nach den ersten Akkorden des Songs drehte er der Kamera plötzlich den Rücken zu, und hinten auf seiner Lederjacke waren die Worte FUCK YOU zu lesen. So etwas konnte man bei ‚Top Of The Pops' einfach nicht machen. Robin Nash, der Produzent der Show, geriet außer sich und drohte Steve: ‚Paß auf, entweder du ziehst die Jacke aus, oder ihr könnt alle gehen.' Ich hatte genau eine Minute, um Steve davon zu überzeugen, die Jacke abzulegen. Diese Anekdote bringt das Phänomen Glam-Rock vielleicht auf den Punkt. Die Leute durften zwar ein bißchen über die Stränge schlagen, aber am Ende mußten sie doch immer Kompromisse eingehen.

Ebenso denkwürdig war ein weiterer „Top Of The Pops"-Auftritt, bei dem Steve Priest – immerhin drei Jahre vor Ausbruch des Punkrock – ein Hakenkreuz-Armband und ein Hitler-Bärtchen trug.

Nebenbei schrieben Chinn und Chapman auch Songs für alle auf Mickie Mosts RAK-Label vertretenen Bands, von der Middle-Of-The-Road-Truppe New World („Tom Tom Tunraround") bis zu Suzi Quatro. „Ich lernte Suzi im RAK-Büro in der Charles Street kennen – ein kleines Mädchen, das gerade aus Detroit angekommen war, seinen

Baß zupfte und Songs schrieb. Sie trank Unmengen schwarzen Kaffees, rauchte eine Zigarette nach der anderen und aß dabei fast nichts", schmunzelt Chinn. „Mickie produzierte ein Album mit ihr, das ausschließlich Eigenkompositionen enthielt – es wurde ein totaler Flop. Also rief er mich eines Tages an und fragte, ob wir nicht einen Song für sie machen könnten ... Darauf haben wir ‚Can The Can' geschrieben, das prompt auf Platz eins kam."

Quatro war die Umkehrung des Glam: Mindestens doppelt so tough wie die männlichen Stars dieser Zeit, hatte sie als echte Motor-City-Rockerbraut in der Garagenband ihrer Schwester, den Pleasure Seekers, angefangen, ehe sie Mickie Most auffiel. 1972 kam sie dann auf Mosts Angebot zurück, der sie unbedingt in London produzieren wollte. „Ich habe sie in einem kleinen Hotel untergebracht und mich um sie gekümmert", erzählt er. Aber erst die Begegnung mit „Chinnichap" brachte sie in die Charts. Bei „Top Of The Pops" wirkten Quatro und Band wie Pop-Art-Biker. Suzis Markenzeichen wurde der schwarze Lederanzug, den sie gelegentlich gegen einen goldenen eintauschte. „Ich fühle mich unwohl in Kleidern und Röcken", sagte sie. „Und die Typen in meiner Band würden niemals Glitterklamotten anziehen, sie sind eben echte Männer." Genau wie Sweet war auch Quatro pure Show, man konnte sie als Hardrockerin einfach nicht ernst nehmen, obwohl sie sich wie eine solche gebärdete.

Hätte es ohne Suzi Quatro jemals eine Joan Jett oder eine Chrissie Hynde gegeben? Viele Mannweiber im Rock schulden der Lederfrau einiges. Jett zollte dem Glam sogar offenkundig Tribut – mit ihrer überaus erfolgreichen Coverversion von „I Love Rock 'n' Roll" aus dem Repertoire der RAK-Band The Arrows.

In Sachen exaltierte Pose konnten aber weder The Sweet noch Suzi Quatro mit Gary Glitter mithalten, der – was die fast Comic-artige Überspitztheit angeht – zum größten Star der Glam-Szene wurde. Den Performance-Künstler Paul Gadd (alias Paul Raven) gab es bereits zu Hamburg- und Skiffle-Zeiten, und er war schon weit über 30, als er und der altgediente Pop-Produzent Mike Leander sein Alter ego Gary Glitter erschufen.

„Mike und Gary kannten sich schon seit Ewigkeiten", sagt Laurence Myers, Manager der beiden. „Mike schleppte mich zu einer Paul-Raven-Show und bat mich, ihn unter Vertrag zu nehmen. Aber ich fand, daß er nicht besonders gut singen konnte. Wie auch immer, Mike nahm mit Gary diesen Song ‚Rock 'n' Roll' auf, und als sie ihn als Single herausbringen wollten, brauchten sie unbedingt eine B-Seite. Geizig wie ich bin, ließ ich sie den Gesangsteil durch einen weiteren Gitarrenpart ersetzen, und wir nannten das Ergebnis ‚Rock 'n' Roll Part 2'. Wir haben uns dann auf das Superman-Image geeinigt, da Gary sehr muskulös war. Aber die eigentliche Idee, aus ihm diesen glitzernden, kitschigen Science-fiction-Superhelden zu machen, kam von Mike Leander. Wir nannten ihn Gary Glitter, doch ursprünglich dachte keiner von uns, daß sich daraus etwas entwickeln würde, bis ein DJ die Rückseite der Single spielte. Ehe wir uns versahen, hatten wir eine Einladung zu ‚Top Of The Pops' auf dem Schreibtisch – Gary sollte dort auf die Bühne gehen und die Instrumentalversion vorstellen. Es gibt nur wenige Leute, die so etwas geschafft hätten, aber Gary schaffte es, und das war der Startschuß zu seinem Erfolg. Sein Name wurde zum Synonym für Glam-Rock."

Waren Slade und Sweet schon treffende Beispiele für Prolo-Geschmack, so stellte „Rock 'n' Roll Part 2" den Gipfel der Einfalt dar. Aber genau darin lag seine merkwürdige Genialität: in einer Verschmelzung von Slade und Bowie, von Fußballgesängen und Future Rock. Und Gary – Glams abgedrehter Uncle Ernie aus den Weiten des Alls – war auf seine eigene, geschmacklose Art nicht weniger Entertainer als Bowie oder Bolan. Mit seiner grotesken Frisur und den hervorstehenden Augen wirkte er wie eine Kreuzung aus Storchenweibchen, Rinnstein-Elvis und Doctor Who. „Wenn du mich damals gefragt hättest, ob es irgendwelche Gemeinsamkeiten zwischen Gary Glitter und Iggy Pop gibt, hätte ich dir nicht eine einzige nennen können", bekennt Laurence Myers. „Aber die Gemeinsamkeit, die ich heute sehe, liegt in der Androgynität, der aufgetakelten Kostümierung. Ich hatte nie zuvor eine so durch und durch heterosexuelle Band wie The Sweet gesehen, aber auch diese Typen traten irgendwann mit Make-up und Sternen im Gesicht auf und warfen ihrem Publikum einen Schmollmund zu. Nicht die Musik, nicht die musikalischen Einflüsse hatten alle diese Künstler gemeinsam, es war das Drumherum. Und das war auf ihrem eigenen Mist gewachsen, da gab es keine Manager, die ihnen sagten: ‚Wißt ihr, was ihr tun solltet?' Sie zogen es gegen die Überzeugung der Manager und Plattenfirmen durch. Als auch die Kids mit Make-up im Gesicht rumliefen, war die

Erleichterung groß. Für die Künstler war es eine gesunde, befreiende Entscheidung und eine sehr aufregende Erfahrung."

„Zurückblickend muß ich sagen, daß wir eine kuriose, ziemlich kleine Ansammlung von Musikern darstellten", erzählte David Bowie 1993 dem Suede-Sänger Brett Anderson. „Klammert man The Sweet & Co. einmal aus, blieben nur sehr wenige Leute übrig. Was später als Glam oder Glitter bekannt wurde, läßt sich kaum als musikalische Bewegung bezeichnen. Es war eine sehr kleine Gruppe, die auf dieser Seite des Atlantik, glaube ich, nur aus mir, Roxy, Bolan und, in gewissem Maße, Slade bestand."

Die Firmen GTO (Laurence Myers), RAK (Mickie Most) und Bell Records (Dick Leahy), wo Gary Glitter unterzeichnet hatte, beherrschten die Londoner Glitterpop-Szene zu etwa gleichen Teilen. „Wir pflegten einen intensiven Austausch", erzählt Nicky Chinn. „Bell hatte seine Büros direkt gegenüber von RAK in der Charles Street, und wir waren alle miteinander befreundet. Es fand so etwas wie ein Wettstreit unter Freunden statt. Wir spielten uns immer unsere neuesten Veröffentlichungen vor. Was in dieser einzigen Straße, in diesen zwei Büros abging, hatte schon großen Einfluß, und es war sehr aufregend. In unserer Gruppe gab es eine große Dynamik. "

„Wir waren die Fädenzieher, die den Kids sagten, was sie zu kaufen hatten", konstatierte der eher machiavellistisch veranlagte Mike Chapman. „Wir haben sie nicht gefragt, was sie haben wollten, sondern es ihnen vorgegeben – und das hat sogar funktioniert. Zu dieser Zeit waren wir eine verschworene Gemeinschaft und stimmten sogar unsere Veröffentlichungen aufeinander ab, so daß der eine dem anderen nicht den Nummer-eins-Hit verbauen konnte."

Mickie Mosts Sohn Calvin Hayes berichtet, daß sein Vater einst die Mud-Single „Tiger Feet" auf die RAK-Veröffentlichungsliste setzte, nur weil ihm der Titel so sehr gefiel. Der Song selbst existierte noch gar nicht. Das Kalkuliert-Clevere gehörte einfach zum Charme des Glitter-Pop. „Wir nehmen keine Künstler aus Idealismus unter Vertrag", gestand Dick Leahy. „Wir handeln mit Produkten, und wir fragen immer zuerst: ‚Wer wird es kaufen?' Wenn keiner diese Frage beantworten kann, wird die Scheibe auch nicht veröffentlicht."

„Du brauchst 15 Minuten, um einen Popsong zu schreiben, und zwei Wochen, um ihn zu vergessen", resümiert Mickie Most.

Angesichts dieser Wegwerfästhetik ist es wenig verwunderlich, daß das „Chinnichap"-Duo zum Haßobjekt aller Kritiker wurde, die über das Teeny-Alter hinausgewachsen waren. „Mit Ausnahme des Record Mirror hat uns die komplette Musikpresse von oben herab behandelt", ereifert sich Chinn. „Es wurden viele Giftpfeile in unsere Richtung abgeschossen, und ich erinnere mich auch noch sehr gut, daß Bryan Ferry einmal ganz übel über uns herzog. Ich war sehr wütend, überlegte mir dann aber: Was hat der schon zu sagen? Ich glaube, daß wir hauptsächlich so behandelt wurden, weil unsere Bands ihre Songs nicht selbst geschrieben hatten, vielleicht war auch Neid im Spiel, weil sie die größeren Hits hatten. Doch diese Haltung trafen wir nicht überall an. Auf einer Led-Zeppelin-Party im Haus von Peter Grant spielten sie immer wieder ‚Ballroom Blitz'; irgendwann bin ich auf Robert Plant zugegangen und habe zu ihm gesagt: ‚Könnt ihr mir einen Gefallen tun und aufhören, mich zu verarschen?' Er entgegnete nur: ‚Warum? Das ist eine meiner Lieblingsplatten!' Zeppelin waren bereits so groß, daß sie es sich erlauben konnten, wirklich alles zu mögen. Snobismus hatten sie nicht nötig."

Natürlich hat die Zeit irgendwann auch Chinn, Most, Glitter und die ganze Clique eingeholt. Aber während unzählige Bands mitsamt ihren Mittelscheiteln und verzierten Schlaghosen im schwarzen Loch des Rock endeten, leben The Sweet und Gary Glitter immer weiter, weil jede neue Pop-Generation ihren unbeholfenen Klassikern etwas abgewinnen kann.

Eine der erfolgreichsten Platten des Sommers 1972 war „School's Out" von Alice Cooper. Überladen und von durchtriebener Bösartigkeit, fing dieser Song den jugendlichen Wahnsinn an einem wichtigen Punkt der frühen siebziger Jahre ein. In Großbritannien landete der Titel auf Platz eins der Charts.

„No more teachers, dirty looks ..."

Hatte ich mich in Bowie und Bolan schon auf den ersten Blick verliebt, war ich mir bei Cooper nicht sicher, in welche Ecke der Glam-Familie er gehörte. Das große Problem von Alice war, daß er nicht wie ein Teenager-Rebell aussah. Er war zu alt und wirkte generell grauenhaft – wie aus einer Geisterbahn entsprungen. Bezeichnenderweise wurde er von britischen Glam-Rockern schon sechs Monate vor der Veröffentlichung von „School's Out" verhöhnt. „Ich glaube, er ist sehr versessen darauf, daß sein Gehabe als anstößig empfunden wird", so Bowie gegenüber Michael Watts. „Du kannst förmlich dabei zuschauen, wie dem armen Jungen die roten Augen aus den Höhlen treten und das Blut in den Schläfen kocht. Er versucht wirklich alles, aber diese Showeinlage mit der Boa Constrictor ist doch ein alter Hut. Ein Freund von mir, Rudy Valentino, hat das schon vor zig Jahren gemacht. Ich finde, daß Alice sehr durchschaubar ist. Die ganze Sache ist von langer Hand vorbereitet, aber das paßt ja durchaus in unsere Zeit. Er mag momentan erfolgreicher sein als ich, aber ich habe einen ganz neuen Künstlertypus aus Chiffon und Taff geschaffen. In Amerika nennen sie es ‚Pantomime Rock'."

Von dieser Meinung war Bowie auch 1993 nicht abgerückt, wie aus seinem Gespräch mit Brett Anderson hervorgeht: „Alice Cooper und Band waren gewöhnliche Rocker, die Lidschatten auftrugen. Ich glaube auch, daß sie mit ihrer theatralischen Show erst anfingen, nachdem sie all die englischen Bands gesehen hatten. Sie waren eher wie Frank Zappa und weniger ein Teil jener Szene, die den Rock parodierte und ihn in eine Vaudeville-Show ummodelte – oder was auch immer einige von uns damals taten."

Am 1. Januar 1973 wurde der amerikanische Produzent und Szene-Guru Kim Fowley in Bob Harris' Radioshow „The Old Grey Whistle Test" gefragt, wie er den Unterschied zwischen Bowie und Cooper definieren würde. Fowley verglich Bowie mit Rommel und Cooper mit Eisenhower; der eine – Bowie – sei ein Innovator, der andere lediglich ein Plagiator. Die Analogie war in sich stimmig – Cooper kommt in den Glam-Rock-Chroniken generell viel schlechter weg. Im Vergleich zu Bowie oder gar Iggy Pop war Coopers Show reines Theater, das nichts mit echter Ausschweifung zu tun hatte. Während man Iggy gewöhnlich in einem koma-ähnlichen Zustand auf der Toilette des Max's fand, legten Cooper & Co. penibel in der Künstlergarderobe ihr Make-up auf.

„Alice ist außerhalb der Bühne ein ungeheuer geradliniger Mensch, ein typischer Vorstadtpunk", notierte Danny Fields, Stammgast im Max's Kansas City. Langsam jedoch wandte sich der Vorstadtpunk von Schock und Travestie ab und tendierte mehr zum Gothic-Look. „Es war klar, daß Alice Cooper sich von den Strapsen, den falschen Wimpern und Frauenkleidern verabschieden mußte, um auf Horror zu machen", bemerkt Jayne County bissig. „Mit Horror, Blut und toten Babys wußten die Leute etwas anzufangen, aber das Wandern zwischen den Geschlechtern oder Schwuchtel-Rock – wie kleine amerikanische Jungs sich ausdrücken würden – kapierten sie einfach nicht."

Alice Cooper, bürgerlich Vince Furnier, wurde ursprünglich von Frank Zappa als „Freak"-Act für sein Straight Records-Label entdeckt. Ähnlich wie die Stooges definierte sich auch seine Band durch ihren Haß auf die Hippiekultur; es kam also nicht wirklich überraschend, als Alice & Co. Hollywood verließen und ihre Zelte in Coopers Heimatstadt Detroit aufschlugen. Sie spielten durchschnittlichen Garagen-Metal und nahmen zwei lächerliche Alben auf, deren Sound sich in keinster Weise mit den animalischen Attacken der Stooges oder dem politischen Blitzkrieg von MC 5 messen konnte.

Zu MC 5 ließe sich noch anmerken, daß sie 1970 mit „Back In The USA" ein Album veröffentlichten, das ganz anderes zu bieten hatte als das aufwühlende Live-Meisterwerk „Kick Out The Jams". Mit Songs wie „Tonight", „High School" und „Teenage Lust" reihte sich ein fiebriger Zweieinhalb-Minuten-Klassiker an den nächsten. „Back In The USA" war mächtiger Garage-Pop, eine stolze Absage an die ausufernden Jams der späten sechziger Jahre. MC 5 mögen keinen Glam gemacht haben, aber hier kamen sie ihm doch näher, als es die Stooges jemals waren.

Cooper wiederum hatte das Glück, den kanadischen Produzenten Bob Ezrin zu treffen, unter dessen Anleitung er musikalisch einen großen Schritt nach vorn machte. Auf dem Album „Love It To Death" reicherte Ezrin die rüde Basis der Band mit echter Musikalität an – ein Versuch, der bereits bei der brillanten Hymne „(I'm) Eighteen" Früchte trug. *„I'm in the middle without any plans / I'm a boy and I'm a man"*, sang Cooper auf der Single, die in den USA sogar die Top 30 erreichte.

Wenn er auch von der Londoner Glam-Elite als zu pseudo abgelehnt wurde, so ist Coopers Popularität bei der aufbegehrenden amerikanischen Vorstadtjugend doch nicht zu unterschätzen. „Ich habe seine theatralischen Glitter-Shows sehr gemocht", gesteht Joey Ramone. „Die Tatsache, daß er dabei sehr animalisch wirkte, genau wie Iggy & The Stooges, hat auch in mir das Tier geweckt. Ich habe wirklich an Alice geglaubt, bis ich herausfand, daß er den Leichenschänder die ganze Zeit über nur gespielt hat ..."

Thurston Moore, Gitarrist von Sonic Youth, kann sich noch sehr gut an eine Begebenheit aus seiner Schulzeit erinnern, als eine Gruppe von Yes-Fans auf ihn zukam und wissen wollte, welche Musik er höre. Als er sagte, daß er Alice-Cooper-Fan sei, lachten sie ihn aus. „Ich wußte, daß diese Typen Idioten waren und daß ich ihnen intellektuell weit voraus war", gab Moore später zu Protokoll.

Als Cooper im Mai 1971 auf Tour ging, tendierte die Band schon leicht zum Glam, wenn auch zu einer Gothic-Variante. Cooper malte sich Spinnweben um die Augen, und seine Begleiter, die noch männlicher waren als die Jungs von Slade, quetschten sich in Lurex-Anzüge. Kleidung und Lidschatten wurden aber von der unglaublichen Ausrüstung (amputierbare Puppen, elektrische Stühle und Kachina, die Boa Constrictor) übertroffen. Mit „Killer", am Ende des Jahres veröffentlicht, und Songs wie „Dead Babies" etablierte sich die Band als horrorfilmartige Freak-Show. Der Höhepunkt eines jeden Konzerts war erreicht, wenn Cooper von Gitarrist Glen Buxton, der wie ein Neandertaler aussah, gehenkt wurde.

„Alice nahm keine Drogen und war nie darauf aus, mit Groupies zu vögeln", berichtet Bebe Buell, deren damaliger Schwarm Todd Rundgren die Cooper-Konzerte eröffnete. „Man konnte mit ihm über alle möglichen Probleme sprechen, er war immer sehr süß und geduldig. Andererseits glotzte er TV und mochte Budweiser. Und die arme Schlange tat mir immer so leid. Aber Todd sagte nur: „Mach dir keine Sorgen. Die Schlange ist schon so lange auf Tour. Sie raucht, trinkt und hat jede Menge Frauen – sie wird häufiger flachgelegt als jeder einzelne von uns."

Das „School's Out"-Album, voll mit Songs über Faustkämpfe und High-School-Fehden, war zwar ausgeklügelter, aber auch weniger substanziell als „Killer". „Ich glaube, es war ein bißchen überproduziert, mit Bläsern und dem ganzen Kram", notierte der oberste Soundschmied der Band, Michael Bruce, in seinem Buch „No More Mr. Nice Guy" (1996). „Es war eine radikale Abkehr vom harten Sound des ‚Killer'-Albums. Ich bin mir sicher, daß viele Fans die Platte nicht mochten; sie entsprach einer auf Vinyl gebannten Vaudeville-Show." Ben Gerson kritisierte im Rolling Stone, daß das Album „musikalisch wie textlich ziellos" sei und fügte hinzu, daß er sehnsüchtig auf David Bowies Durchbruch in Amerika warte – jener sei schließlich der „überzeugendere Transvestit". Zur Verteidigung führt Michael Bruce an, daß die Cooper-Band „niemals als Transvestiten-Kapelle, glaubwürdig oder nicht, angesehen werden wollte" und daß „sie sich zu keiner Zeit als eine Glam-Band wie The Sweet oder Slade gefühlt habe". Und Philip Cato vermerkt in seinem amüsanten Epos „Crash Course For The Ravers" (1997) zu Recht, daß „School's Out" allein deshalb die Anschaffung wert sei, weil es „ein Budweiser-verzerrtes Portrait von Amerika darstellt, gemalt von einem Künstler, der seine Einflüsse großenteils aus dem Fernsehen und aus Comic-Heften zu beziehen schien".

Die Wahrheit ist, daß Alice Cooper nicht mehr war als ein ordentlicher Hardrock-Act, dessen Ruhm auf perfektem Kasperletheater basierte. Trotzdem lieferte er dank der Mithilfe eines talentierten Produzenten durchaus ein paar gute Platten ab. *Es ist pure Ironie, daß ausgerechnet Lou Reed Bob Ezrins Dienste für seinen beißenden „Transformer"-Nachfolger „Berlin" in Anspruch nahm – Reed gehörte zum Kreis jener, die Cooper heftig verspotteten.*

Wie Alice Cooper waren auch viele Mainstream-Stars freiwillig oder unfreiwillig in den Sog des Glam geraten. Rod Stewart schlüpfte in Glam-Klamotten und legte sich einen Haarschnitt zu, der einem „Federkleid" (oder auch „Vögelkleid") glich und sich als äußerst einflußreich erwies; Elton John, ein pummeliger Pianist aus Pinner, ließ sich als großer Glam-Befreier feiern, war im Grunde aber nur ein gefühlvoller, klavierspielender Singer/Songwriter. Dann wären da noch Queen, die im Grunde ein hemdsärmeliges Hardrock-Quartett darstellten. Auch die Rolling Stones, die für ihre Amerika-Tour 1972 erneut tief ins Make-up-Täschchen griffen, gaben sich bei der Promotion ihrer 73er Single „Angie" extrem weibisch. Kurzum: Mit dem Auftauchen von Bolan, Bowie und all den anderen Glitterbands begann „Glamour" den Pop zu durchsetzen. Und wer dieser Tatsache keinen Tribut zollen wollte, war hoffnungslos out.

„If you know how to rock / You don't have to shock", sang Marc Bolan auf dem eher unterdurchschnittlichen Album „Tanx", das im März 1973 erschien. Es war, so sagte er, seine Antwort auf „diese Glam-Rock-Scheiße" – auf den Fließband-Teenypop, den er zur Jahreswende 1972/73 allerorten zu hören bekam.

„Ich habe es als Statement gegen den sogenannten Glam-Rock formuliert, mit dem ich immer in Verbindung gebracht werde, der mir aber überhaupt nichts bedeutet. Ich glaube an die Musik und meine Kleidung. Aber die entsprechende Attitüde habe ich schon seit meinem zehnten Lebensjahr. Das sage ich auch in dem Song: Wenn du wirklich rocken kannst, spielt es keine Rolle, ob du pinke Satinhosen und eine Federboa trägst oder nicht. Glam-Rock ist eine einzige Fassade. Elvis Presley hat das schon vor 15 Jahren gemacht, genau wie Hedy Lamarr oder Gloria Swanson!"

Nach der letzten großen T. Rex-Single „The Groover" im Juni '73 distanzierte sich Bolan zusehends von dem Genre. „Mit dem Glam-Rock der zweiten Generation möchte ich nichts zu schaffen haben", schnaufte er. „Ich habe das ein Jahr lang gemacht, aber nach dem Wembley-Konzert [im März 1972] waren wir in eine Sackgasse geschlittert. Wir hätten zwar auch noch im Earls Court spielen können, aber das wäre wohl für alle Beteiligten zum Desaster geworden. Zu der Zeit fühlte ich mich auch ein wenig überpräsent in den Medien, also habe ich mich zurückgezogen und ein bißchen nachgedacht. Mein nächstes Projekt wird garantiert Glam-frei sein. Das kann ich dir sagen, Baby, ich möchte mit der ganzen Geschichte nichts mehr zu tun haben [...] Zwar habe auch ich goldene Anzüge und den anderen Scheiß getragen, aber das war nichts Neues. Billy Fury ist schon fünf Jahre früher so aufgetreten, also war es keine Innovation. Ich möchte hier nicht über irgendwelche Glam-Rocker herziehen, aber wenn dein Outfit wichtiger wird als die Musik, hast du schon ein Problem."

Bolans großes Problem, das er durch seinen übermäßigen Kokain-Konsum aber nicht wahrnahm, bestand in der Tatsache, daß er keine Vision für ein Leben nach Glam hatte. Goldene Anzüge hin oder her, die Qualität seiner Musik nahm immer weiter ab. „Es ist schade, aber Marc konnte sich nie über eine gute Drei-Minuten-Single hinaus entwickeln", resümiert Tony Visconti. „Er hätte es gekonnt, das bewies er auf seinen frühen Tyrannosaurus-Rex-Platten, aber er hat nicht viel davon mit in seine Rock-Phase genommen. Ich wollte, er hätte es getan. David war dann derjenige, der den Glam-Rock sachte in eine Spielart des Artrock überführte."

Wenn Bolan unglücklich darüber schien, mit The Sweet und Gary Glitter in einen Topf geworfen zu werden, so war es für Bowie die reine Demütigung. „Mit meinen Federboas und Frauenkleidern wollte ich bestimmt nicht erreichen, in einem Atemzug mit Scharlatanen wie Gary Glitter genannt zu werden", bekannte er. Zu dem Suede-Sänger Brett Anderson sagte er: „Wir alle waren sehr enttäuscht darüber, daß Typen sich als Glam-Rocker ausgaben, die noch nicht einmal den Film ‚Metropolis' gesehen und nie etwas von Leuten wie Christopher Isherwood gehört hatten."

Ironischerweise basiert „The Jean Genie" – ein Song über Iggy Pop, gleichzeitig eine Anspielung auf Jean Genet – auf dem gleichen Yardbirds-Riff wie

„Blockbuster" von The Sweet! Als ob das nicht schlimm genug gewesen wäre, blockierte „Blockbuster" im Januar 1973 auch noch die Spitzenposition der Charts für „Jean Genie". „Weil Bowie wesentlich hipper war als The Sweet, folgerten einige Leute, daß wir bei Bowie geklaut hätten", erzählt Nicky Chinn. „Ich erinnere mich noch gut an den Moment, als ich Bowie im Tramp vorgestellt wurde. Er sah zu mir hoch, als wollte er mich durchbohren und schrie: ‚Du Fotze'! Dann stand er auf, umarmte mich und sagte: ‚Herzlichen Glückwunsch ...'"

Nicht zuletzt, weil er dem Vergleich mit all den Retortenbands ausweichen wollte, beschloß David Bowie 1973, Ziggy Stardust den Gnadenstoß zu geben.

Zunächst schuf er eine neue Figur, eine modifizierte Version von Ziggy, die er Aladdin Sane taufte und die auch dem nächsten Album den Namen gab. Der „lad insane" war der Ziggy/Bowie, dem auf einer langen Tour durch die USA Ende 1972 Cartoon-artige Katastrophenvisionen durch den Kopf gingen. Die neuen Songs verwandelten Amerika – das Amerika von „Panic In Detroit" und „Drive-in Saturday" – in einen surrealen, polysexuellen Spielplatz, eine Nation aus Neon und Plastik, einen Ort, der gleichermaßen lasterhaft wie zutiefst befremdlich war. Die Stimmung erinnerte durchaus an „The Man Who Sold The World", mit aggressiveren Arrangements und effektbewußterem Spiel – siehe besonders das barocke Geklimper des Pianisten Mike Garson.

„Aladdin Sane" geriet konfuser, weniger pointiert als „Ziggy Stardust", und es ließ auf einen kreativen Geist am Rande der Psychose schließen, der seine Songs unter dem immensen Druck des Medieninteresses schreiben mußte. „Dieser Dekadenz-Trend ist doch ein Witz", verkündete Bowie im Mai 1973 in einem Melody-Maker-Interview. „Ich bin ein ganz normaler Typ. [...] Ich hätte mir nie träumen lassen, daß Ziggy einmal derart in aller Munde sein würde, daß sich alles so irreal entwickeln könnte. [...] Irgendwie fühlte ich mich wie ein Dr. Frankenstein."

Erschöpft von der langen Tour, die ihn durch Amerika, Japan und Europa geführt hatte, entschied sich Bowie bei der letzten Show im Londoner Hammersmith Odeon offenkundig spontan, Ziggy und die Spiders in den Ruhestand zu schicken. Ein Szenario, das er bereits im Song „Ziggy Stardust" besungen hatte: *„Making love with his ego / Ziggy sucked up into his mind / Like a leper messiah / When the kids had killed the man I had to break up the band."* D. A. Pennebakers Film zum Hammersmith-

Konzert zeigt nur allzu deutlich den Grad der Anspannung, die trotz des dick aufgetragenen Make-ups auf dem Gesicht des „Cracked Actor“ zu erkennen ist. Aller Glitter der Welt konnte Bowies Augenringe, hohle Wangenknochen und schlechte Zähne nicht länger verdecken. Neben Mick Ronson, einem waschechten Rock-Hengst in Glitter und Kniehosen, wirkte Ziggy eingefallen, beinahe schon magersüchtig. Als Angie Bowie ihren Kopf kurz durch die Tür der Garderobe ihres Mannes streckte, schien es fast so, als würde sie einen Geist belauschen. Vielleicht der bezeichnendste Song des Abends war Brels „My Death“.

Nach einem pompösen „Suffragette City“ und dem anschließenden „White Light/White Heat“, das er mit dem Satz einleitete: „Ich glaube, Lou Reed ist mein Freund“, gab Bowie bekannt, daß dies die letzte Show sei, „die wir jemals spielen werden“. Anschließend verzückte er seine irritierten Fans mit einer flehenden Version von „Rock 'n' Roll Suicide“.

Ziggy Stardust, der Märtyrer des Pop, war vom Himmel gefallen.

Das Leben des Brian ... und des Bryan

„Besides, what's real and what's make believe?"

Roxy Music

Bryan Ferry von Roxy Music reagierte noch verbitterter als Bowie und Bolan, sobald er und seine Band mit den Clowns des Glitterpop in einen Topf geworfen wurden. Für Ferry, der bei Pop-Art-Künstler Richard Hamilton studiert hatte, bedeutete „Glamour" mehr als nur ein Vehikel für aufsehenerregende Unterhaltung: nämlich ein künstlerisches Stilmittel.

„Der Unterschied zwischen den frühen Roxy und den typischen Glam-Rockern war gewaltig", erinnert sich Roxys Cover-Designer Nick de Ville, ebenfalls ein Hamilton-Schüler. „Viele Leute waren auf den Glam-Stil festgelegt, so wie Gary Glitter, der das heute noch als phantastische Selbstparodie zelebriert. Aber es gab auch andere Bands wie Roxy, die sich des Glams nur für kurze Zeit bedienten, bis sie ihm nichts Interessantes mehr abgewinnen konnten. Die Idee, für eine Weile einen Stil oder eine Rolle anzunehmen, geht stark auf die Anregung von Richard Hamilton zurück."

Roxy waren die Glam-Band für Erwachsene – oder zumindest für kluge und neunmalkluge Studenten. Wie Bowie brachten sie Grips in den Glam ein und bauten damit eine Brücke zwischen progressivem Artrock und austauschbarem Teeny-Pop. Auch sie hatten verstanden, daß es ein weitaus radikaleres und „progressiveres" Ziel war, die Avantgarde an die breite Öffentlichkeit zu bringen, als weiterhin von einem kleinen Kreis Eingeweihter verehrt zu werden. „Natürlich fühlten wir uns nicht mit The Sweet oder Gary Glitter verbunden", sagt Brian Eno, „aber ich glaube, der Glam-Wirbel war eine Reaktion auf das, was ihm vorausgegangen war: der handwerkliche Ehrgeiz von Musikern, die ihrem Publikum einfach den Rücken zukehrten, um sich einem endlosen Gitarrensolo hinzugeben. Erst Bowie, wir und all die anderen haben uns wieder dem Publikum zugewandt und gesagt: ‚Wir ziehen hier eine Show ab.' In diesem Sinne gab es also doch Gemeinsamkeiten, auch wenn sie damals nicht so offensichtlich waren."

Im Gegensatz zu Bowie orientierten sich Roxy an Zukunft und Vergangenheit, und sie paarten billige Science-fiction mit Hollywood-Melodramen. Ferry war wie besessen von dem Kitsch und Pomp, mit dem sich die Leinwandlegenden vergangener Zeiten umgeben hatten. „Ich fühlte diesen Drang, unsere Musik in einem glamourösen Rahmen zu präsentieren", erklärt er. „Vielleicht habe ich als Kind die falschen Filme gesehen, denn ich war schon immer in große Gesten vernarrt. Ironischerweise habe ich mir aber für Roxy Music eher schüchterne, zurückhaltende Typen ausgesucht." Das Endergebnis könnte man als Retro-Futurismus beschreiben, der Elemente des Glamours der dreißiger Jahre und der öligen Ästhetik der Fünfziger mit der Bildhaftigkeit kombiniert, die das 21. Jahrhundert auszeichnen wird.

Ferry war ebenfalls von Andy Warhol und der Factory fasziniert. Die Roxy-Debütsingle „Virginia Plain" basierte auf einem Bild, das Ferry einige Jahre zuvor gemalt hatte und das für ihn „den Traum von Amerika verkörperte: in Newcastle zu leben und doch ständig an Warhols Factory und Baby Jane Holzer zu denken ..."

„Ich kannte mich in der populären Musik sehr gut aus", reklamiert Ferry für sich. „Meine Einflüsse waren fast ausschließlich amerikanisch, aber ich war auch ein großer Fan von Lotte Lenya, Edith Piaf und anderen europäischen Künstlern. Ganz egal, ob ich nach vorne oder zurück schaute, stets war ich von der Geschichte umgeben. Und ich glaube, daß menschlicher Fortschritt wie folgt funktioniert: ein Schritt vor, zwei zurück. Wir fühlten uns Bowie näher als Bolan – obwohl wir auch viele Dinge anders sahen als David. Er war schon etwas länger dabei, und seine Band wirkte eher konventionell. Sein Outfit war zwar sehr ungewöhnlich, nicht aber seine Musik. Und genau deshalb hatte er einen so großen Erfolg in Amerika, er kochte auch nur mit Wasser und überforderte sein Publikum nicht. Als *wir* jedoch nach Amerika kamen, konfrontierten wir das Publikum mit Dingen jenseits ihres Vorstellungsvermögens."

Auch Bowie, für den Roxy Music im August 1972 das Konzert im Londoner Rainbow eröffneten, sah so viele Gemeinsamkeiten wie Unterschiede: „Ich kann weder für Brian noch für Bryan sprechen, aber ich glaube nicht, daß einer von uns dreien das Gefühl hatte, daß es da eine einheitliche Bewegung oder Kultur gab. Seit Anfang der Siebziger war alles stark auseinandergefallen. Andererseits: Wie ich wußten auch Roxy sehr wohl, was sie da tun. Eno wollte die Mauern zwischen hoher und niederer Kunst einreißen. "

„Die Mauern zwischen hoher und niederer Kunst einreißen" – keine schlechte Beschreibung für das, was Roxy Music 1972, im goldenen Jahr des Glam, taten.

Die Band nahm Gestalt an, als Ferry und Bassist Graham Simpson, die zusammen in einer Rhythm & Blues-Kapelle namens Gas Board gespielt hatten, Ende 1970 von Newcastle in Richtung London aufbrachen, um nach musikalisch Gleichgesinnten zu suchen. Als ersten rekrutierten sie den temperamentvollen Ex-Nice-Gitarristen Davey O' List, der bis zum Frühjahr 1972 dabei blieb. Der Oboist Andy Mackay, der eine klassische Ausbildung hinter sich hatte, stieß im Januar 1971 hinzu und brachte seinen avantgardistisch gepolten Freund Brian Peter George St. John le Baptiste de la Salle Eno gleich mit. „Als wir ihn kennenlernten, war Eno nicht gerade ein Paradiesvogel", erinnert sich Ferry. „Er war ein eher nüchterner Typ, dem schon schwindelig wurde, sobald jemand im Raum einen Joint anzündete. Aber seine Wohnung war ein Paradies für Tüftler – überall lagen Drähte und auseinandergenommene alte Lautsprecher."

„Mit seinem langen Haar sah er aus wie ein verrückter Professor", meint Simon Puxley, der Mackay und Eno seit Ende der Sechziger kannte und später für Roxy als PR-Mann arbeitete. „Auf dem Winchester Arts College war er ein krasser Außenseiter, sein pfauenhaftes Gehabe aber kam erst im Roxy-Umfeld richtig heraus. Dabei war er eigentlich nie ein schüchterner Typ. Er wußte immer, wie er sich und seine Ideen zu verkaufen hatte."

„Ich war von der Musik beeindruckt, sie klang für mich sehr neu und anders", sagt Eno rückblickend. „Ich hatte nie daran gedacht, mich einer Band anzuschließen, als es dann aber doch passierte, erschien es mir wie der größte Spaß meines Lebens. Bryan hatte, glaube ich, einen Großteil der Songs des ersten Albums geschrieben. ‚Virginia Plain' kam viel später, denn wir waren lange, gut eineinhalb Jahre, damit beschäftigt, an den frühen Titeln zu feilen, ehe wir sie live vorstellen konnten. Wir haben verdammt viel Zeit im Probenraum verbracht, was für damalige Verhältnisse sehr ungewöhnlich war".

„Ich sah die Songs im Kontext der Pop-Art. Es war die Zeit, als sich die Popmusik sozusagen ihrer selbst bewußt wurde; wir begannen damit, in der Vergangenheit nach Elementen zu suchen, die wir benutzen konnten. An den meisten Bands störte uns, daß sie so humorlos waren und sich selbst zu ernst nahmen. Wir haben uns zwar auch ernst genommen, aber auf eine ganz andere Weise. Unser Motto hieß: Wir wissen, daß wir im Popbusiness arbeiten, wir wissen, daß dieses Business eine Geschichte hat, wir wissen, daß es hier primär ums Geschäft geht. Dennoch wollen wir etwas Neues erfinden."

Eno war stark von Velvet Underground beeinflußt und wollte deren „Bewußtsein" auf Roxy Music übertragen: „Rock sollte nicht länger nur Stimmungen transportieren. Wir wollten beweisen, daß diese Musik auch komplexe, vielschichtige Sachverhalte rüberbringen kann, was Bryan auch schon gelungen war – die stärkste Seite seines Songwritings. Für uns war die Musik ein Teil der Kultur: nicht nur der Popkultur, sondern der Kunst im allgemeinen. Das war auch eine Message der Velvets, und genau deswegen mochte ich übrigens auch die Who."

„Rückblickend muß ich sagen, daß Eno der stärkste Charakter war, derjenige, an dem ich mich reiben konnte, obwohl er anfangs nicht einmal mitgespielt hat", erzählt Ferry. „Im Gegensatz zu den anderen hatte er eine klare Meinung." Ursprünglich war Eno als Mixer für den Sound der Band zuständig. Während der Konzerte stand er hinter der Bühne und quälte ein paar derangierte Töne aus Andy Mackays VCS3-Synthesizer. Offizielles Roxy-Mitglied wurde er erst später. „Sie haben ihn als optischen Gegenpart zu Bryan auf die Bühne geholt. Der stand immer auf der rechten Seite, so daß Eno die leere linke Ecke füllen sollte", erinnert sich David Enthoven, Co-Manager der Band. „Enos Präsenz auf der Bühne bedeutete, daß Bryan nicht länger Klavier spielen mußte."

Obwohl Ferry zu diesem Zeitpunkt nur wenige Songs geschrieben hatte, besaß er doch große Ambitionen. „Er hatte keinen Masterplan erstellt, aber sein Ehrgeiz war unübersehbar", so Andy Mackay, der schon bald dazu überging, R & B-Solos auf seinem neuen Saxophon zu üben. Als weiteres Mitglied stieß der bullige Geordie-Drummer Paul Thompson zu der Truppe, ein Hinterwäldler mit Lidschatten in bester Slade-Manier. Und weil sich Roxy Music wie die Doors nicht auf einen festen Bassisten einigen konnten, wurde die letzte Lücke geschlossen, als der in Havanna geborene Gitarrist Phil Manzanera im Februar 1972 O'List ersetzte.

Als die Musiker live aufzutreten begannen, wurde überdeutlich, daß sie ihrem Look ebenso viel Bedeutung beimaßen wie ihrem Sound. „Ich war sehr am modischen Aspekt der Sache interessiert, deshalb wurde Design-Freak Antony Price auch so wichtig für uns", erklärt Ferry. „Er verarbeitete traditionell amerikanische Motive wie den Gangsterstil. Es war sehr vielschichtig, erinnerte teils an Raymond Chandler, teils an Fred Astaire. Ich war begeistert von Lacklederschuhen und einer gewissen modischen Kunstfertigkeit. Für Leute mit langen Haaren und finsteren Mienen hatte ich noch nie Interesse aufgebracht. Ich traf Antony 1971 auf einer Party, kurz bevor es mit Roxy richtig losging. Er arbeitete für Stirling Cooper in der Wigmore Street, einem Laden, der alles für ein sexy Outfit zu bieten hatte: aufregende Designs, enge Hosen und Schulterpolster." Price selbst bekannte, daß er von dem „ultimativen Jayne-Mansfield-Typus" träumte, „vom ‚Girl Can't Help It'-Look, der sich abhebt von den bekifften Hippie-Weibern in ihren flippigen, durchsichtigen Lappen". In seiner Vorstellung waren Frauen „drall und kraftvoll", und Männer trugen „kurzes, geschorenes Haar, mit freien Ohren und einer in die Stirn fallenden Locke".

Aus den diversen Motiven, die sich Ferry und Price einfallen ließen, entwickelte sich schnell der für Roxy so typische retro-futuristische Look. „Es war schon sehr kitschig, sehr amerikanisch", meint David Enthoven. „Aber es entsprach Bryans Vorstellungen. Antony und Nick de Ville hatten sicherlich ihren Anteil daran, aber es war Bryans Vision. Es kam ihnen halt nicht nur auf die Musik an, sondern auch auf die Verpackung." Als Roxy einen ihrer ersten Gigs im kleinen Londoner 100 Club spielten, hatte sich dort ein Publikum eingefunden, das Richard Williams vom Melody Maker als „Fan-Fertigprodukt von Mädchen mit Pillenschachtel-Hüten und engen Röcken" beschrieb. Die Plattenfirmen zeigten sich nicht begeistert. „Roxy waren Außenseiter, und gerade das machte sie aufregend", meint Simon Puxley. „Ich kann mich noch gut daran erinnern, daß wir von den Companies als sehr schräg angesehen wurden, aber das hat keinen von uns geschert."

„Island war im Grunde nicht die passende Firma für eine Glam-Band", so Tim Clark, der damalige Marketingchef des Labels. „T. Rex beispielsweise waren eine reine Popband, und damit wollten wir nichts zu tun haben, also lehnten wir Bolan ab. Wir hatten großartige, ambitionierte Acts wie Emerson, Lake & Palmer unter Vertrag, auch bluesige Bands wie Free und Traffic. Man hätte unser Programm College-Rock nennen können, und hierfür gab es ein großes Publikum. Über Bryans Wurzeln bin ich mir nie im klaren gewesen, aber sie hatten sicherlich mehr mit Marilyn Monroe zu tun als mit irgendwelchen musikalischen Einflüssen. In gewisser Weise gehörte das, was Bryan und Roxy machten, in die Schublade Pop, aber es gab ebenso starke Querbezüge zu King Crimson. Nur Teeny-Pop war es bestimmt nicht."

Roxy Music wurden zu hundert Prozent vom EG-Management finanziert, das neben Emerson, Lake & Palmer und King Crimson auch T. Rex repräsentierte. Das erste Roxy-Album, im März 1972 hastig in London aufgenommen, stellte eine atemlose Collage der vielen Einflüsse der Band dar: Hollywood, Rock 'n' Roll der Fünfziger, Krautrock. „Das Konzept von Collage und Montage war einfach unvermeidlich, weil meine Interessen schon immer so weitgestreut waren", bekennt Ferry. „Ich war ein Fan von Fred Astaire, Lotte Lenya, Sam Cooke und Leadbelly ... all das war Teil meines Backgrounds. Ich hatte so viele Ideen, daß wir uns beeilen mußten, sie zu realisieren, damit ich sie nicht wieder vergaß. Damals konnte uns niemand sagen, ob wir je ein zweites Album einspielen würden. Heutzutage wäre eine solche Arbeitsweise undenkbar, weil niemand sein Publikum verunsichern möchte. Damals fand ich alles unglaublich aufregend, obwohl die Aufnahmequalität schrecklich war und mein Gesang abscheulich."

„Der Geist wird aus den Angeln gehoben", schrieb Simon Puxley in den Sleeve Notes, welche die Glam-Ästhetik von Roxy treffend auf den Punkt brachten. „Welcher Tag ist heute? (Hier drin ist es so dunkel). 1962? Oder zwanzig Jahre später? Ist dies eine Aufnahmesession oder eine Cocktail-Party? ... Musiker liegen fest & flüssig auf einer Leinwand aus hartem, schwarzem Leder, geschlitzter roter Satin, rundherum rauchige Dunkelheit ... verdichtet zu wirbelnden, quirlenden Hardrock-Sounds ... gemischt, fixiert, gesiebt, geliftet zu stürmischen, hochfliegenden Klumpen und Wirbeln aus purem elektronischem Aufschrei ... Samstag nacht im Roxy, dem Mekka, dem Ritz – deine Phantasien werden Wirklichkeit ..."

Vom „Street Life"-ähnlichen, hektischen Opener „Re-make/Remodel" – benannt nach Derek Boshiers Gemälde „Re-think, Re-entry" von 1962 – über die stilisierten Balladen „Chance Meeting" und „Sea Breezes" bis hin zum abgedrehten Countryrock von „If There Is Something" glich das Album „Roxy Music" einer wilden Fahrt durch die Gefilde der Pop-Art, angetrieben von Mackays heiseren Saxophoneinlagen und Enos wilden Synthesizer-Sprengseln. Rock 'n' Roll, Doo-Wop, Country & Western, experimentelles Gedudel, softes Crooning: Auf den neun Songs ließ die Band einfach nichts aus. Zusammen mit dem Cover von Nick de Ville, das ein gierig-lustvoll dreinblickendes Ossie-Clark-Model zeigte, aufgemacht wie für eine „Victoria's Secret"-Pralinenbox, repräsentierte dieses Album etwas absolut Neues in der britischen Popmusik.

Alles, was Roxy Music jetzt noch für den großen Durchbruch brauchten, war eine Hitsingle, weshalb man sich für das radiotaugliche „Virginia Plain" entschied, das im Juli 1972 veröffentlicht wurde. Den Moment, als ich es zum erstenmal hörte, werde ich wohl nie vergessen. Ich lag in einem Zelt in der Dordogne und preßte ein Transistorradio an mein Ohr: Es schien mir, als hörte ich einer Popband vom Neptun zu. Auf der einen Seite war die Platte so simpel und eingängig, als käme sie von Slade, gleichzeitig hatte sie die engen Grenzen eines Popsongs weit hinter sich gelassen. Ferry, der bereits 27 war, klang sogar noch weiser als Bowie. Und wenn man ihn endlich zu Gesicht bekam, wirkte er wie ein Elvis aus der Gangsterwelt, ein Humphrey Bogart, der sich als Graf Dracula verkleidet hatte. Nur Brian Eno war noch überwältigender. Er sah aus wie Rick Wakemans kleine Schwester – eine transsexuelle Mischung aus Vamp und Hofnarr, mit schwarzen Straußenfedern und lila Lidschatten.

„Für mich hatte das überhaupt keine sexuelle Bedeutung", sagt Eno. „Ich war nicht schwul, aber ich wollte toll aussehen, und das hieß eben, sich wie eine Frau zu kleiden. Oder zumindest wie eine seltsame Kreuzung aus männlich und weiblich. Ich wohnte mit einer Frau namens Carole McNicol zusammen, einer Bildhauerin, die auch eine sehr gute Schneiderin war. Wenn ich eine Idee für ein Kleidungsstück hatte, dann übernahm sie anschließend die Ausarbeitung und Umsetzung. Ich glaube, wir gingen dabei tatsächlich von der Bildhauerei aus – es entstanden Klamotten, die man wirklich nur bei Auftritten tragen konnte, normal bewegen konnte man sich in ihnen nicht. Als ich dann mit den anderen auf die Bühne ging, gab es nur eine Entscheidung, an die ich mich bewußt erinnern kann: Ich stehe die ganze Zeit still da und drehe winzige Knöpfe, also macht es Sinn, daß ich Sachen trage, die meine Bewegungen verstärken. Daher die Federn und so. Ich tat gar nicht viel, aber es sah ganz gut aus."

„Als ich David Bowie 1972 in L. A. traf", erzählt Kim Fowley, „fragte ich ihn, was in England derzeit abginge. Er lieferte mir eine viertelstündige Beschreibung von Brian Eno und Roxy Music, wobei ihm Enos Image besonders wichtig zu sein schien. Ich hatte den Eindruck, daß er froh war, daß noch ein anderer Mensch mit ein bißchen Hirn diese theatralischen Elemente entdeckte, daß er damit nicht allein war. Wenn ich heute daran zurückdenke, glaube ich, daß er von Brian Eno mehr hielt als von jedem anderen aus dem Glam-Bereich. Er wußte vermutlich, daß Eno zu der Zeit schon mehr machte, als nur bei Roxy Music Keyboards zu spielen – daß er auf eine bestimmte Richtung hinarbeitete und eine Art Konzept hatte."

Nachdem „Virginia Plain" bis auf den vierten Platz der Charts geklettert war, begannen Roxy nun ernsthaft mit Live-Gigs, was jedoch nicht immer glücklich endete. Als Support für Bowie im Rainbow zu spielen, war eine Sache, eher unklug dürfte vermutlich die Entscheidung gewesen sein, vor Jethro Tull im Madison Square Garden aufzutreten. Ohnehin tat sich Amerika immer schwer mit Roxy Music. Wenn sogar ein Journalist wie Lester Bangs kritisierte, daß die Vitalität der Band durch ihr „Kunstverständnis stark eingeschränkt" war, begreift man, daß Glam-Hasser den Roxy-Clan immer mit Mißtrauen beäugen würden.

Bangs (dessen Artikel stets eine gewisse Macho-Haltung verrieten) schrieb: „Das Publikum von Roxy Music in Amerika besteht aus einer Gruppe junger Leute, die sich oberflächliche, gespreizte Verhaltensweisen angeeignet haben, die an den frühen Andy Warhol erinnern. Daraus kreieren sie eine neue Teenager-Mode. Die Mädchen kleiden sich wie in den Vierzigern und versuchen, gelangweilt auszusehen, die Jungs stolzieren affektiert herum und tun so, als seien sie schwul."

Obendrein waren Roxy im Gegensatz zu Bowie nicht bereit, sich im Max's Kansas City anzubiedern. „Ich fühlte mich dort immer stark als Außenstehender", sagt Ferry.

Im Februar 1973 kehrten Roxy nach London zurück und nahmen dort das meisterhafte „For Your Pleasure" auf. Diese Musik, schimmernd und unheilverkündend, ging über Pop-Art hinaus und kreierte futuristische Klänge von eleganter Düsternis. Schön, da war der energiegeladene Durchstarter „Do The Strand“, aber zum großen Teil war „Pleasure“ davon geprägt, daß ein einsamer Ferry in einem entmenschlichten Universum nach Gefühlen suchte: beispielsweise im Universum von „Beauty Queen“ oder „Editions Of You“, vor allem aber im majestätischen „In Every Dream Home A Heartache“, einer gänsehauterregenden Ode an eine aufblasbare Sexpuppe. „For Your Pleasure“ und „Strictly Confidential“ ähnelten einer Szenerie von F. Scott Fitzgerald zu einem Leadbelly-meets-Kraftwerk-Soundtrack, der von Eno aufs beste verfremdet und mit Störsignalen infiltriert wurde.

„Ich erinnere mich, daß Tony Palmer im Observer schrieb, Roxy seien bis zum dunklen Entsetzen durchgedrungen, das im Zentrum modernen Lebens lauert“, sagt Simon Puxley. „Das war ein sehr ungewöhnliches Kompliment für die Band, aber ich denke, darin lag ein Körnchen Wahrheit. Bryans Songs waren oft sehr düster und makaber, sie hatten eine beinahe tödliche Wirkung.“

Stephen Koch schrieb in seinem Buch „Stargazer: Andy Warhol's World And His Films“ (1973), Warhol ginge davon aus, daß „eine Präsenz – oder ein Image – für kurze Augenblicke erstrahlen kann, wenn der Sprung aus dem dämmerigen Nicht-Sein hinein in die Präsenz des Stars gelingt“. Für mich eine absolut gelungene Definition des Roxy-Phänomens.

Ob in „For Your Pleasure“ nun das Entsetzen schlummerte oder nicht: Ferry war extrem stolz auf das Album. „Ich glaube, mir machte die Arbeit diesmal mehr Spaß, weil wir etwas mehr Kontrolle hatten, obwohl wir noch immer im Lernen begriffen waren“, meint er. „Ich denke, Brian hatte bei den ersten beiden Alben mehr mit dem Sound zu tun als mit allem anderen, weil ihm das am meisten lag. Er war eher Produzent als Musiker.“ Wieder konstruierte Nick de Ville eine hervorragende Szene für das Albumcover: Das Zwittermodell Amanda Lear führte einen schwarzen Panther vor der neonerleuchteten Kulisse von Las Vegas spazieren. Das vermittelte einen perfekten Eindruck von luxuriösem Glam noir. Roxy selbst posierten auf der Innenhülle mit verrückten Gitarren und sahen schlicht phantastisch aus.

„For your pleasure / In our present state / Part false, part true / Like anything / We present ourselves ...“

Es war bitter, daß Roxy in dieser Besetzung nicht lange bestehen sollten: Die Band konnte beide, Ferry und Eno, nicht auf Dauer tragen.

Ein ehrgeiziger, Stil-versessener Brixton-Boy und Kunststudent wird zum geheimnisvoll strahlenden Stern am (Glam-)Pophimmel: David Bowie im Rolling Stone-Interview, Frühjahr 1972.

Die Mutter des Glam? Angie Bowie, 1973.

Denkwürdige Begegnung: Lou Reed tritt mit Ziggy und den Spiders auf und spielt Velvet-Klassiker wie „Waiting For The Man" oder „White Light/White Heat" – London, Festival Hall, Sommer 1972.

Liaison dangereux: die britischen Glam-Protagonisten David Bowie und Mick Ronson in Aktion, Oxford Town Hall, 17. Juni 1972.

Ziggy Stardust steigt als wiedergeborener Jimi Hendrix vom Mars auf die Erde herab: David Bowie 1972.

Der Fan wird zum Förderer: David Bowie (links) mit seinen neuen Schützlingen Iggy Pop (Mitte) und Lou Reed, London 1972.

„A Walk On The Wild Side": Lou Reed, New Yorker Underground-Ikone, beim Rolling Stone-Interview im Sommer 1972.

Vom Ledersex-Propheten der Warhol-Factory zum Pionier des Glam, von der kühlen Tabu-Überschreitung des New Yorker Underground zur morbiden Eleganz der Londoner Subkultur: Lou Reed war im Sommer 1972 ein kühner, dabei geschmackssicherer „Transformer".

Rock-Urtier, Punk-Pate: Iggy Pop, die „Detroiter Mülltüte", setzte auch 1972, im Fahrwasser des Glam, auf „Raw Power".

Der ewige Außenseiter: Iggy Pop wurde in der Glam-Szene sehr bald zum verlorenen Einzelgänger. Mit kompromißlos archaischem Rock und seinen Live-Exzessen, die häufig auch selbstzerstörerische Züge trugen, hat er jedoch alle flüchtigen Rock-Moden überlebt.

Vom Hippie zum Glitzerstar, vom Folk-Sonderling zum Glampop-Idol: Marc Bolan alias T Rex. *©Keystone/Rex Features*

Gespür für dramatische Inszenierungen: „Mr. Soft" Steve Harley und seine Band Cockney Rebel, 1974.

Ein Mann für alle Fälle: Brian Eno (links oben), der geniale Dilettant, lebte seine überbordende Phantasie in zahlreichen Projekten mit Gleichgesinnten wie Roxy Music, Robert Fripp, Jon Hassell oder David Byrne aus. Am 1. Juni 1974 schloß er sich Kevin Ayers, Nico und John Cale (nicht im Bild) in London für eine Liveaufnahme an.

Kalkulierte Bösartigkeiten: US-Rocker Alice Cooper wandte sich früh vom Glam wieder ab und dem einträglicheren Horror-Metal zu.

© Keystone/London Features

Der Zirkusclown des Glam-Rock: Gary Glitter in Schminke und Leder.

Machte Weltkarriere als wandelnder Kostümschrank: Elton John, der pummelige Pianist aus Pinner. *© Keystone/London Features/Ross Barnett*

Homo oder hetero, Glam-Aristokraten oder eine ganz gewöhnliche Hardrock-Band? Queen (hier 1974) forderten zu Kontroversen heraus (im Urzeigersinn von unten links: Brian May, John Deacon, Roger Taylor, Freddie Mercury).

Verwandlungskünstler mit Hang zum Femininen: Freddie Mercury auf dem Cover von Queen II, 1974.

Beliebte Zielscheibe für Konfetti: Tim Curry als „Sweet Transvestite" Frank-N-Furter in der „Rocky Horror Picture Show" (hier beim Filmdreh, Bray Studios, England, Winter 1974).

Heavy-Metal-Horror-Rocker in der Tradition Alice Coopers: Maskerade-Meister Gene Simmons von Kiss (hier auf Fiorucci's Party).

© Keystone/Fotos International/Frank Edwards

Im Juli 1973 stand fest, daß einer gehen mußte. „Ich stieg aus, weil ich keine andere Wahl hatte", erinnert sich Eno. „Bryan Ferry sagte: ‚Ich werde nie wieder mit dir auf die Bühne gehen.'" Fühlte Ferry sich von Eno an den Rand gedrängt, weil jener mehr Charisma besaß, oder sah er Enos forschenden, alles sezierenden Intellekt als Bedrohung? „Es handelte sich definitiv um ein Ego-Problem", meint Eno, „und das wurde hauptsächlich durch unsere Umgebung angefacht – gar nicht so sehr durch das, was zwischen uns lief. Da ich fotogen war sowie Sachen trug, die viel aussagten und sich in Magazinen gut machten, bekam ich mehr Aufmerksamkeit, als ich verdient hatte. Ich war nicht der Songschreiber, und ich war nicht von Anfang an dabeigewesen. Ein typischer Fall von Rivalität zwischen jungen Männern."

„Es ging deswegen kaputt, denke ich, weil Bryan die ganze Arbeit machte und Eno dafür den Ruhm erntete", behauptet David Enthoven. „Eno bekam alle Mädchen, und das machte Bryan total verrückt. Mit Eno war das wie mit Mick Jagger, dessen Anziehungskraft darauf beruhte, daß er sich wie eine Frau bewegte. Eno war die ganze Zeit am Bumsen, nonstop, wie ein verdammtes Karnickel. So was hatte ich noch nie zuvor erlebt."

Also nur ein weiterer Beweis dafür, daß die Mädchen 1973 auf jene Männer flogen, die sich besonders exaltiert gaben und androgyn aussahen. „Frauen kommen immer gut mit schwulen Männern zurecht, und ich denke, in eine ähnliche Richtung ging das hier auch", versucht Eno eine Erklärung. „Wahrscheinlich ist es das Gefühl, jemanden vor sich zu haben, der zwar anders, aber nicht bedrohlich ist, der seine Autorität und die Fähigkeit, sich durch Körperkraft durchzusetzen, aufgibt. Wenn du schwul bist oder androgyn, versuchst du es nicht mit dieser männlichen ‚Ich bin hier der harte Kerl'-Nummer. Eine Frau weiß, daß so ein Typ nicht den Macker spielt.

Damals wie heute begrüße ich alles, was diese simplen Unterschiede zwischen den Geschlechtern untergräbt. Zu der Zeit gab es eine Reihe negativer Vorurteile, von wegen, alle Männer sind schrecklich oder alle Frauen sind lächerlich, und ich dachte, warum nicht keins von beiden sein? Warum nicht diese ganze Diskussion umgehen, indem man etwas anderes, etwas dazwischen wird? Ich halte das immer noch für eine sehr starke Position. Mittlerweile haben sehr viele Leute sie für sich angenommen – der Neue Mann ist im Grunde ein leicht verweiblichter

Mann. Für ihn gilt es nicht als erniedrigend oder unmännlich, sich um die Kinder zu kümmern oder Gefühle zu zeigen."

Und was tat also unser Lothario in Frauenkleidern, nachdem man ihm den Stuhl vor die Tür gestellt hatte? Er riß sich zusammen und unterschrieb einen Solovertrag mit Island, um der Welt die wundersamen Post-Glam-Alben „Here Come The Warm Jets" (1973) und „Taking Tiger Mountain By Strategy" (1974) zu bescheren. Eno war kein Sänger, aber er nahm die rauhe Energie des ersten Roxy-Albums und machte daraus Musik von fröhlicher Verschrobenheit, indem er vorsichtig die Mitte hielt zwischen Glam – mit dem stampfenden „Baby's On Fire", dem überschwenglichen „Needle's In The Camel's Eye" oder der Bo-Diddley-Mutation „Blank Frank" – und seiner kopflastigeren Arbeit ab „Another Green World" (1975). „Als ich an ‚Here Come The Warm Jets' und ‚Taking Tiger Mountain' arbeitete, durchströmte mich pure Energie", erzählt er. „Ich fand es so aufregend, bei Roxy draußen zu sein, ich habe das nicht einen Augenblick lang bereut. Ich weiß noch, am Tag, als ich ging, rannte ich die King's Road hinunter und hüpfte und sprang. Ich dachte, jetzt kannst du alles machen. Wahrscheinlich spürte ich diesen bedingungslosen Optimismus, daß ich irgendwie immer durchkommen würde."

„Enos Soloalben verkauften sich besser, als wir gedacht hatten", sagt David Enthoven. „Wir schickten ihn sogar mit den Winkies auf Tournee, aber er beschloß später, daß er nicht live spielen wollte, weil das letztendlich nicht seine Stärke war. Es schien offensichtlich, daß er sich nie zu einem großartigen Sänger oder Frontmann entwickeln würde; es reichte eindeutig nicht, daß er sich hinstellte und diese zwar schon sehr intelligenten, aber auch schlichten Stücke spielte. Das Publikum, das zu seinen Konzerten kam, wirkte sehr ernsthaft, doch die Songs waren nun mal ziemlich oberflächlich. Daher zog er die richtigen Konsequenzen und verabschiedete sich von der Bühne. Ich war sehr traurig darüber."

Roxy Music, die Eno durch den Elektro-Geiger Eddie Jobson ersetzten, wurden derweil zusehends glatter. „Nachdem Eno weg war, veränderte sich die Band", sagt Enthoven. „Da war eine sehr starke Kraft verschwunden, das war nicht zu leugnen." Selbst Bryan Ferry scheint es ähnlich zu sehen: daß nämlich seit dieser Zeit eine entscheidende Zutat zum Rezept fehlte. „Ich glaube, bei unserer Trennung hatte ich unterschätzt, was für eine große Hilfe er für mich war", gesteht er. „Ich rechne Eno hoch an, daß er ‚Stranded' zu seinem Lieblingsalbum von Roxy erklärt hat, als wir uns zehn Jahre später zum ersten Mal wiedertrafen. Ich hatte immer das Gefühl, ‚For Your Pleasure' sei so gut gewesen, daß wir nichts Gleichartiges mehr machen konnten, ohne dieselbe Idee zu wiederholen. Da habe ich mich wahrscheinlich doch ein wenig geirrt."

Abgesehen von ihm aber hielt jeder das im November 1973 erschienene „Stranded" für eine hervorragend eingespielte und produzierte Platte. „Street Life" war eine fiebernde, packende Pop-Hymne, „A Song For Europe" eine majestätische Mini-Symphonie, mit Brecht'scher Ironie versetzt. Im dynamischen „Mother Of Pearl", das in einem halsbrecherischen Tempo begann, um dann mit verringerter Geschwindigkeit auf einen hypnotischen Höhepunkt hinzuarbeiten, zeigte Ferry sich wieder einsam, auf der Suche nach der vollkommenen Weiblichkeit in einer leeren Welt voll trügerischen Scheins. (*„With every goddess a letdown, every idol a breakdown / It gets you down ..."*) Und „Sunset", das fein herausgearbeitete Finale – nur Ferry am Klavier und ein Akustikbaß – hätte fast eine Elegie auf die Glam-Ära sein können, die nun langsam zu verblassen begann.

„Sunset, end of my dreams ... my decline ..."

Mittlerweile hatte Ferry sich längst einen Weg als Solostar zurechtgelegt, indem er sein Image als Möchtegern-Matinée-Star mit dem 1973 veröffentlichten Cover-Album „These Foolish Things" perfektionierte.

Wie Bowie mit „Pin-Ups" war Ferry alt genug, um auf derselben Nostalgie-Welle zu reiten, die bereits John Lennons „Rock And Roll" und „Moondog Matinée" von The Band hervorgebracht hatte. Dahinter verbarg sich stest der gleiche Wunsch: die Golden Oldies der Fünfziger und Sechziger wiederaufleben zu lassen.

Ferry gibt zu, daß etwas von der raffinierten Glätte seiner Soloaufnahmen auch auf Roxy Music überging. „Die spezielle Musikalität von ‚Foolish Things' machte sich auch auf ‚Stranded' bemerkbar", meint er. „Und ohne Eno gab es noch weniger Möglichkeiten, mit dem Sound herumzuexperimentieren. Aber einige Songs auf ‚Stranded' waren genauso gut wie die von ‚Pleasure'. Obendrein waren wir handwerklich besser, und zum ersten Mal hatten wir einen richtigen Produzenten im Studio."

1974 hatten Roxy Music sich vom Glam als Stilmittel abgewandt. Nach „Country Life“ wählte Ferry die Eleganz oder eine deutlich erkennbare Verkleidung wie Zorro-Kostüme und GI-Uniformen. Letzten Endes war er doch weniger abgedreht und subversiv, als wir alle erwartet hatten. „Ich erinnere mich an diese tolle Jacke von Antony, mit schwarzen Pailletten und einer grünen Zickzackleiste, ich hatte sie bei ‚Top Of The Pops‘ an“, berichtet er. „Kurz darauf lief Gary Glitter in ähnlichen Sachen herum, und dann kam ich auf den Tuxedo. Zu jener Zeit hatten wir eine gewisse Spur hinterlassen, die Leute wußten, wer wir waren, und wir hatten das Gefühl, daß wir nicht mehr so abgefahren aussehen mußten.“

Roxy Music waren eine Rockband wie alle anderen geworden.

all dressed up

„Our function really is to relieve adolescents of their ills, of all the mental cruelty that's been bestowed on them ..."

David Johansen

Als David Bowie im September 1971 im Max's Iggy Pop begegnete, war die Livemusik-Szene von Manhattan so gut wie tot. New York hatte es Bands noch niemals leicht gemacht, aber jetzt ging es wirklich nur noch darum, auszugehen und miteinander rumzuhängen, vielleicht mit einem kurzen Ausflug auf eine der kleinen Tanzflächen. Die Szenetypen der Downtown waren zu ausgebrannt, um nach den neuen Velvet Undergrounds der Stadt Ausschau zu halten; sie begnügten sich damit, einander anzustarren und übereinander zu tratschen.

Wie überheblich man auf Livemusik von Acts aus der Gegend herabsah, zeigte sich beispielsweise an der Reaktion, die Mickey Ruskin entgegenschlug, als er begann, Bands für das Obergeschoß im Max's zu buchen. „Es hörte auf, Spaß zu machen, weil jetzt die ganzen abgerissenen Typen in den Laden kamen", sagt Danny Fields, der Pressemanager von Elektra Records. „Die Stammgäste der ersten Max-Ära waren der Meinung, daß Rockmusik den Fluß des Lebens im Club aufhielt und störte. Klar, oben war eine Diskothek, in der Wayne Country auftrat, aber das ging für alle in Ordnung, weil er nicht den Abschaum aus den Vorstädten anzog." Selbst die frühen New York Dolls schafften es nicht, sich bei der In-Crowd beliebt zu machen. „Bei den Candy-Darling- und Jackie-Curtis-Typen waren wir nie wirklich gern gesehen", sagt Syl Sylvain. „Sie erkannten überhaupt nicht, welches Potential in dieser neuen Welle von Kids steckte, die mit hinein wollten."

„In meiner Teenagerzeit spielten auf der MacDougal Street so viele Bands", meint David Johansen. „Dann gab es plötzlich keine Auftrittsmöglichkeiten mehr; ob die Polizei da zugeschlagen hatte oder woran das sonst lag, weiß ich nicht. Es gab einfach diese Phase, wo überhaupt nichts los war. Das hatte auch mit den strengen Cabaret-Gesetzen zu tun, die seit den Zwanzigern in Kraft waren. Als wir mit den Dolls anfingen, gab es keine Szene. Ich hing im Max's rum, und gelegentlich gab es dort oben auch Bands, aber das war's. Die Velvets spielten da auch mal einen Sommer lang – und es war echt übel! Oder sie hatten Waylon Jennings oder Billy Joe Shaver. Rock 'n' Roll gab es dort nicht. Denn was war das überhaupt – Rock 'n' Roll? Entweder du hast in einem großen Laden wie dem Fillmore gespielt, oder du bist mit dem Bus von einer Stadt zur nächsten gefahren."

Ein anderer Club bot sich schließlich als geeigneter Brutkasten für eine neue Szene an – eine Szene, die sich hauptsächlich aus den Kids der Außenbezirke rekrutierte, auf die man im Max's so verächtlich herabsah. Jungs wie Johnny Genzale (alias Johnny Volume alias Johnny Thunders) trafen sich im Nobody's auf der Bleecker Street und trugen dort ihre neuesten Glamklamotten spazieren. „Sie kauften ihre Sachen im Granny Takes A Trip, sie trugen diese Samtanzüge und Stachelfrisuren wie Rod Stewart", erinnert sich Johansen. „Und das Nobody's war für sie eine Art Aufreißerbar. Das waren Leute, die alle Jobs hatten, sich aber bei ihren abendlichen Streifzügen wie die Pfauen herausputzten. Ich ging oft dort hin und guckte, was so lief, weil man da sehr schöne Mädchen treffen konnte. Außerdem hing John auch häufig im Nobody's rum, weil er aus Queens kam; er war eine der führenden Figuren in der Mod-Szene von Queens. Er war sogar schon mal in England gewesen, und damit war er schon fast so was ähnliches wie ein Astronaut."

Jerry Nolan, der zweite Drummer der Dolls, meint, daß es Genzales Freundin Janis war, die Johnny auf Glam brachte. „Er trug hohe Absätze, und du weißt, was Rod Stewart damals für eine Frisur hatte? So sahen Johnnys Haare auch aus, bloß noch mehr toupiert und übertrieben, aufgestellt wie eine Krone. Hinten hatte er dann noch eine blonde Strähne ... dazu trug er eine Damenbluse, darüber eine glitzernde Damenweste und vielleicht noch ein Cowboy-Halstuch. Die Dolls vermischten gern diesen Cowboy-Stil mit Glamour-Damenmode aus den Vierzigern. Außerdem trug Johnny Make-up und fiel schon dadurch ziemlich auf."

Johansen war, wie er sich ausdrückt, „etwas erfahrener" und härter als Genzale. Außerdem zeigte er sich mehr der Kunst verbunden als die

Pfauen aus dem Nobody's. So hatte er in Produktionen der Ridiculous Theatrical Company wie „Whores Of Babylon" und in einigen Pornofilmen mitgespielt. Schön, er kam aus dem eher spießigen Staten Island, aber mit 16, nach der Schule, arbeitete er bereits in einer Boutique am St. Mark's Place, dem Zentrum der Downtown-Coolness.

„Zu der Zeit machten sich Feminismus und die Schwulenbewegung langsam bemerkbar", erzählt er. „Diese Ideen hinterließen auch bei mir ihre Spuren – diese radikalen Gedanken nicht nur über politischen Umsturz, sondern darüber, was Sexualität, was Männlichkeit und Weiblichkeit eigentlich bedeuteten. All das explodierte zur gleichen Zeit. Bestimmte Typen, egal, ob sie nun hetero, schwul oder bi orientiert waren, entwickelten sich zu androgynen Wesen. Und das setzte sich auf der Straße durch, es gab keine Clubs, wo das lief. Jackie Curtis gehörte zu den ersten, die so rausgingen. Jackie wollte ein Andy-Warhol-Star sein, aber diese Szene existierte auf der Straße, zum Beispiel auf der St. Mark's und der 2nd Street. Überall waren Spuren der gesellschaftlichen Veränderung zu spüren. Da wurde auch jede Menge Acid eingeworfen, und das war sicherlich auch ein Grund, weswegen man sich einfach mittreiben ließ, ohne zu überlegen, ob das nicht eigentlich verrückt war – es schien einfach total normal."

Als Johanson sich im Januar 1972 erstmals mit Gitarrist Thunders, Schlagzeuger Bill Murcia und Bassist Arthur Harold Kane zusammentat, wußte er, daß er für sich das ersehnte Ausdrucksmittel gefunden hatte: eine Band, bei der sich die rauhe Seite des Rhythm & Blues mit billigem Flohmarkt-Glamour verband. „Wir trugen ja keine Fransenjacken, weil wir das bewußt entschieden hatten", meint Johansen. „Wir sahen einfach schon so aus. Wir hatten die Stones mit Make-up gesehen, die Pretty Things, die Flamin' Groovies – und das war die Grundlage für unseren Look. Als ich die anderen Typen traf, war klar: Ja, genau das ist es, was ich will. Die Stones waren ganz klar das beste, was es gab. Die Musik war Rhythm & Blues-beeinflußter Rock 'n' Roll. Auf weiße Musik stand ich eigentlich nicht sehr. Wenn Weiße aber schwarze Musik spielten, war das okay. Jeder bei den Dolls hatte seine persönlichen Idole. Billy liebte Marc Bolan, er meinte, der hätte genau das drauf, worauf es ankäme. Ich dachte, wenn wir so populär würden wie Velvet Underground, dann hätten wir es geschafft. Wir hatten uns echt niedrige Ziele gesteckt!"

Nachdem Rhythmusgitarrist Rick Rivets von Syl Sylvain ersetzt worden war, begannen die Musiker in einem Fahrradladen der Upper West Side zu proben, wobei sie bis zum Morgengrauen Coverversionen von „(There's Gonna Be A) Showdown" (Archie Bell And The Drells) oder „Don't Start Me Talkin'" (Sonny Boy Williamson) herausballerten. „John schlug vor, wir sollten die Band The Dolls nennen", erzählt Johansen. „Und blöd, wie ich war, machte ich die New York Dolls daraus. Eine wirklich schwachsinnige Idee, denn überall hassen sie New York!" Blöd oder nicht, die Dolls klangen phantastisch und sahen auch so aus: Die Gruppen-Chemie basierte auf Stones & Faces, wobei Johansen und Thunders die Achse Jagger/Richards beziehungsweise Stewart/Wood neu belebten; die Musik kam als trashiger Mix aus Rhythm & Blues, Girlgroup-Pop und verzerrtem Garagen-Sound daher. Johansen selbst war ein großartiger Frontmann, ein verdorbener Amor, eine Kreuzung aus Peter Noone von Herman's Hermits und dem „Clockwork Orange"-Hauptdarsteller Malcolm McDowell.

Ein Fan wie Jerry Nolan, der bald in Wayne Countys Band Queen Elizabeth am Schlagzeug sitzen sollte, bewunderte die Dolls, weil sie in einer Ära der zehnminütigen Schlagzeugsoli für eine Renaissance des Drei-Minuten-Popsongs sorgten. Im Frühjahr 1972, nach ein paar Gigs in vergammelten abgelegenen Pinten, erfuhr Johansen von Max's-Stammgast und Warhol-Veteran Eric Emerson, daß es Downtown eine neue Auftrittsmöglichkeit gab. Emerson hatte mit den Magic Tramps eine eigene Band gegründet und spielte regelmäßig im Mercer Arts Center – einem renovierten Theater/Galerie-Komplex, dessen Styling ein „Clockwork Orange"-Dekor mit viktorianischen Kronleuchtern kombinierte. „Eric war ziemlich nebendran, aber ein toller Typ", meint Johansen. „Er hatte was laufen in dem Videoraum The Kitchen, und er sagte zu uns: ‚Kommt doch mal rüber und tretet mit mir auf!' Das taten wir schließlich auch, und Al Lewis – der Promoter des Clubs, ein alter Showbiz-Hase mit Anzug und Toupet – kam dann prompt zu mir gerannt und rief: ‚Spielt noch mal! Spielt noch mal!' Nach dem Gig erklärte er, daß er uns eine eigene Show geben wollte, immer dienstags um Mitternacht."

Er bot ihnen passenderweise den sogenannten Oscar Wilde Room an, und hier wurden die New York Dolls im April 1972 zur Legende von Manhattan. „Es erinnerte fast an einen Fellini-Film, mit dem großen

Gefolge rund um die Band, die in der Mitte stand und spielte", berichtet der Fotograf Bob Gruen. „Wer zur Band gehörte und wer nicht, war schwer zu sagen. Alle hatten Alkohol getankt oder standen unter Drogen – Quaaludes, Rote, Koks. Das Chaoslevel war ziemlich hoch, und es gehörte mit zum Aufregendsten, was ich je gesehen habe." Plötzlich begann sich eine ganze Szene um die Dolls zu formieren; attraktive weibliche Teens aus den Vorstädten tauchten in Scharen auf, um bei dem neuen urbanen Satyricon mitzuspielen. „Die Dolls haben dafür gesorgt, daß eine Menge Leute in New York mit ihrem dekadenten Arsch hochgekommen sind und wieder zu tanzen begonnen haben", schrieb Ed McCormack in Interview. Johansen selbst betrachtete die Band lediglich als Spiegel ihres Publikums: „Diese cleveren, trendbewußten Kids aus New York wissen, was läuft. Ich beobachte sie einfach und werde mit ihnen gleich."

„Wenn du das Glück hattest, einen dieser tollen Gigs der Dolls zu erleben, dann war das eine unbeschreibliche Erfahrung", sagt Bebe Buell, die ihren skeptischen Freund Todd Rundgren an einem Dienstagabend mitbrachte. „Ich glaube, alle sehnten sich nach einem Ersatz für Velvet Underground, die Leute wollten wieder eine Band aus der eigenen Stadt haben, die sie bewundern konnten. Man zog sich ausgefallen an, und jeder schlief mit jedem. Was Sex anging, liefen ständig ungeplante Sachen, und oft gab es Treffen in irgendwelchen Lofts. Es war der Versuch, die Factory-Atmosphäre wieder aufleben zu lassen. Manchmal fanden Partys statt, und die Dolls oder die Magic Tramps fingen einfach an zu spielen. Eric war unglaublich. Er konnte Luftsprünge vollführen wie Rudolf Nurejew. Dabei orientierte er sich in seinem Outfit an Iggy Pop, aber seine Kostüme glitzerten und schimmerten obendrein. Iggy konnte sich verrenken, aber Eric flog wie ein Vogel durch die Luft."

Zu den anderen Bands, die durch das Mercer aus ihrem Versteck gelockt wurden, zählten Teenage Lust, die Miamis, die Harlots Of 42nd Street, Ruby And The Rednecks und sogar die berüchtigten Suicide, deren heftiger Minimalsound – zur Hälfte Velvets, zur Hälfte Stooges – jeden Club in der Regel binnen kürzester Zeit leerfegen konnte.

Zwar waren Suicide keine Glam-Band im strengen Sinne, aber als Roy Hollingworth sie im Oktober 1972 im Mercer sah, berichtete er im Melody Maker, das Gesicht von Sänger Alan Vega sei „mit Glitter bedeckt gewesen".

„Plötzlich waren Auftrittsmöglichkeiten da", sagt David Johansen. „Und wenn es erstmal den einen oder anderen Club gibt, dann kommen die Leute auch auf den Gedanken, eine Band zu gründen. Die Harlots Of 42nd Street fand ich klasse: Das waren richtige Arbeitertypen mit haarigen Armen, aber sie wollten sein wie wir. Sie traten mit Netzstrümpfen voller Laufmaschen und mit abgebrochenen Absätzen auf. Wir waren schon ziemlich rauhe Typen, sie aber brachten die allerschlechtesten Voraussetzungen mit, um androgyn zu wirken. Genau das liebte ich so an ihnen: Sie agierten wie Orang-Utans, aber sie waren wirklich total süß."

Wayne Countys Queen Elizabeth waren die wüsteste aller Mercer-Bands; ihre Bühnenshow zeigte sich vom Ridiculous Theater beeinflußt und beinhaltete von daher nicht nur Glitter und Plateauschuhe, sondern auch Dildos und Hundekacke-Imitate – es lief auf „Pink Flamingos" in einem Rock 'n' Roll-Kontext hinaus. „Die Bands dieser Szene und ihre Fans bekennen sich dazu, verschiedene sexuelle Vorlieben zu parodieren", schrieb Crawdaddy, „und dabei ist es schwer festzustellen, wo die Schauspielerei aufhört und die Realität anfängt." Genau das war der Unterschied zwischen den Iggy Pops und den Alice Coopers der Szene.

Aus heutiger Sicht kann man sich kaum vorstellen, wie wenig New York 1972 mit dem übrigen Amerika gemein hatte. Heute würde MTV das Bild der Dolls in die Wohnzimmer jeder amerikanischen Kleinstadt übertragen, aber damals war die Szene im Mercer so extrem und auf eine Randgruppe beschränkt, daß sich keine Plattenfirma traute, ihnen einen Vertrag anzubieten. „Andy Warhol hatte eine stark kommerzielle Ader, aber die meisten Bands, die ich damals spielen sah, erwarteten nicht, wirklich weiterzukommen", sagt Bob Gruen. „Hier ging es nicht darum berühmt zu werden, es genügte, wenn ein paar Mädchen aus Brooklyn oder Queens auf dich abfuhren. Diese Typen erwarteten nicht, von einem breiten Publikum akzeptiert zu werden. Sie zogen ihr Ding nur so zum Spaß durch. Und sie gingen schon gar nicht davon aus, daß sie ins Radio kämen; dort wurde ja nicht mal Lou Reed gespielt. Es war eine derart kleine Underground-Nische, niemand konnte sich vorstellen, daß da mal etwas Bedeutendes draus würde."

„Die Radiosender in Amerika wollten das Zeug nicht mal mit der Kneifzange anfassen", meint Danny Fields. „Man darf die durch und durch konservative Struktur dieser Industrie nicht unterschätzen: Die Promoter waren konservativ, die Radiosender waren und sind es heute noch. In England konnte man sich eher eine gewisse sexuelle Zweideutigkeit leisten; das hatte dort immer schon Tradition. In den USA gab es dieses entsetzliche, tiefsitzende moralische Sendungsbewußtsein, diesen biblischen Schwulenhaß. Das sitzt bei den Amerikanern noch heute tief, und dagegen haben die Leute damals rebelliert. Aber wenn man einmal Lippenstift aufgetragen hatte, war es unmöglich, dank musikalischer Meriten den Durchbruch zu schaffen."

Was die Dolls von den anderen Mercer-Bands unterschied – und weswegen sie letztlich dann doch einen Plattenvertrag bekamen –, war die Tatsache, daß ihre Songs schlicht und einfach großartig waren. Zu den genialen, rasanten Riffs von Thunders und Sylvain skizzierte Johansen in Titeln wie „Trash", „Bad Girl" und „Personality Crisis" treffende Portraits von gestrandeten New Yorker Szene-Gestalten. „Rimbaud hat über das Ungeheuer Großstadt geschrieben und darüber, was es mit der menschlichen Rasse anstellt", erklärte er in einem Pressetext. „Und jetzt schreiben wir das Jahr 1973, alles läuft in rasender Geschwindigkeit, und ich versuche herauszufinden, wie die Leute darüber denken, wie sie sich zu ihrem Umfeld verhalten."

„Die Dolls waren etwas Besonderes, denn sie wußten sehr genau, was sie darstellten", meint Bob Gruen. „Sie wurzelten stark im R & B, darüber hinaus waren ihre Songs wirklich brillante politisch-gesellschaftliche Statements. Sie machten Kulturpolitik." Selbst das hochnäsige Publikum aus dem Max's – das den Gedanken reizvoll fand, diese Glam-Boys könnten wirklich schwul sein – ließ sich schließlich von der Großmäuligkeit und dem Witz der Band mitreißen. „Um die Dolls entstand eine riesige Szene, und es war plötzlich extrem angesagt, sie sich anzusehen", berichtet Leee Black Childers. „Dabei ging es auch darum, sich selbst einzubringen. Die Leute vor der Bühne waren mindestens ebenso ausgeflippt wie die Dolls. Wayne County war da, die Harlots, Sylvia Miles, Don Johnson, Patti D'Arbanville, diese ganze Clique. Und dann natürlich David Bowie und Lou Reed. Sie haben genau zugesehen und gelernt."

Reed ließ sich lediglich dazu hinreißen, diese „Dolls" als „sehr niedlich" zu bezeichnen. Der großzügigere Bowie erkannte David Johansen als gleichberechtigt an: Er habe, wie sich Bowie später ausdrückte, „mit seiner Haltung die Barriere zwischen höherer und niederer Kunst niedergerissen". Thunders, meinte er, „eiferte Keith Richards nach", aber Johansen „war Teil einer Warhol-Clique und wußte genau, was er tat".

Kurz nachdem Bowie die Band im Oktober 1972 im Mercer gesehen hatte – ein Erlebnis, das angeblich für „Watch That Man" von „Aladdin Sane" Pate stand – fuhren die Dolls nach England, um dort eine Handvoll Konzerte zu geben, unter anderem sogar als Support der Faces im Empire Pool von Wembley. Die britische Presse stürzte sich begeistert auf diese Band, die noch nicht einmal einen Plattenvertrag vorweisen konnte, und die Dolls nutzten den Hype voll aus. „Wir wurden sogar im Mercedes herumkutschiert", grinst Johansen. „Wir kamen von der Straße, aber die Leute behandelten uns, als ob wir zur königlichen Familie gehörten. Lord Montagu veranstaltete uns zu Ehren eine Party auf Beaulieu! Ich war noch nie zuvor in so einem Haus. Zu der Zeit pennten wir noch zu dritt in einem Hotelzimmer."

Der Aufenthalt in London wurde durch eine Tragödie überschattet: Billy Murcia starb an einer fatalen Mischung aus Alkohol und Mandrax. Aber das machte die Dolls nur noch faszinierender, als sie schon waren. Sechs Wochen später absolvierte Jerry Nolan seinen ersten Gig mit der Band, und noch mehr Leute versuchten sich ins Mercer zu quetschen als zuvor. Mittlerweile waren auch die Plattenfirmen endlich aufgewacht. „Als wir im Mercer in die große Halle umzogen, waren all diese wichtigen Typen am gleichen Abend da, um uns zu sehen", erzählt Johansen. „Die Manager dachten, jetzt kommt's drauf an, wer das meiste für die Band bietet. Aber ich glaube, sie hatten alle echt Angst vor uns, weil sie dachten, wir wären viel zu ausgeklinkt. Und als es dann darum ging, daß wir einen Produzenten brauchten, wollte keiner den Job übernehmen. Niemand wollte mit uns in einem Raum sein."

Die einzige Ausnahme bildete Todd Rundgren, zu der Zeit einer der begehrtesten Produzenten Amerikas. Bebe Buell hatte ihn mit den Dolls bekannt gemacht. Als Paul Nelson von Mercury Records endlich das Wagnis einging und die Band unter Vertrag nahm, willigte Todd ein, das erste Album zu produzieren. „Ich kannte ihn aus dem Max's", meint Johansen, „und er wußte, daß ich ihm nicht den Kopf abbeißen würde. Wir hatten Glück, daß wir Todd bekamen."

Rundgren selbst war eine Art Bindeglied zwischen dem Hippie-Chic der Sechziger und dem Glam-Overkill der Siebziger. Seine Band The Nazz bestand 1968/69 aus echten Dandys, die den größten Teil ihres Vorschusses bei Granny Takes A Trip in Klamotten umgesetzt hatten, und ein paar Jahre später war er mit Make-up und wilder, farbenprächtiger Mähne zu erleben. Im November 1973 sorgte sein bizarrer Auftritt in der Rockshow „Midnight Special" – bei der sich auch die Dolls unvergeßlich machten – beinahe für ein vorzeitiges Karriereende: „Zu der Zeit hatte Todd diesen existentialistischen ‚Bemal mich, mach ein Kunstwerk aus mir'-Spleen, und er ließ seinem schwulen Make-up-Assistenten Nicky Nichols freie Hand", erzählt Paul Fishkin, der damals für Bearsville Records arbeitete. „Bei ‚Midnight Special' brachte er seine wundervoll schmachtende Hitballade (‚Hello, It's Me'), und Nicky hatte ihn mit Flügeln ausstaffiert und ihm knallbunte Tränen auf die Augen gemalt. Vor der ganzen Welt stand Todd da wie eine verdammte Tunte." Bebe Buell nannte es das „menschenfressende Pfauenkostüm": „Im nachhinein betrachtet war es auch nicht verrückter als Peter Gabriel in seiner Sonnenblumenverkleidung, aber Nicky war nicht nur hochgradig kreativ und stockschwul, sondern völlig abgedreht in seinen Vorstellungen – und er hatte grenzenlos viele Federn zur Verfügung! Das war keine Sabotage; Todd meinte sicher, daß den Leuten das gefallen würde. Uns allen war es total peinlich."

Nach genau einer Woche war das Album „The New York Dolls" im Kasten, und heute scheint sich niemand mehr richtig an die Sessions erinnern zu können. „Ich habe da einen Blackout, ich kann mich nur noch an die eine oder andere Minute erinnern", sagt Johansen. „Wir mußten irgendwie ganz schnell fertig werden, weil wir einen Gig in Buffalo hatten oder ähnlich. Todd war am Schluß so entnervt, weil jeder brüllte, ‚gib mir mehr Saft', daß er einfach für alle die Regler hochzog. Und so wurde das Album wohl produziert. Die anderen Jungs sagten später, er hätte die Platte versaut, aber das ist Schwachsinn. Gott schütze ihn – wir hatten ein Riesenglück, daß jemand wie er bei uns war, der die Bandmitglieder überhaupt dazu bewegen konnte, zur gleichen Zeit zu spielen."

„Alle möglichen Drogen kursierten, und es gab viele verrückte Vorfälle", erzählt Bebe Buell. „Es war schwierig, eine Ordnung zu finden. Ich war ehrlich gesagt überrascht, daß die Platte überhaupt fertig wurde. Der Job hätte Todd fast umgebracht. Als ich mal vorbeikam, dachte ich, er würde jeden Augenblick einen Nervenzusammenbruch bekommen. Alle waren total aufgedreht und schrien, daß sie mehr Saft haben wollten. Johnny Thunders schrie: ‚Dreh die Gitarren lauter!' Ich war da ein bißchen seiner Meinung. Ich glaube nicht, daß Todd die Chance hatte, das Album richtig auf die Reihe zu kriegen. Für mich ist es heute noch ein Klassiker – auf demselben Level wie ‚Raw Power' von den Stooges und ‚Never Mind The Bollocks' von den Sex Pistols. Es ist ein Meilenstein, es ist großartig. Ich war ziemlich sauer, als Johnny Thunders so daran herumgemäkelt hat. Was hatten die denn erwartet? Für mich ist es stimmig. Du hörst, wie intelligent die Texte sind und was für einen cleveren und einzigartigen Stil sie hatten."

Heute erscheint es, wie auch bei „Raw Power", völlig ungerechtfertigt, über den angeblich „dünnen" Sound zu diskutieren. „The New York Dolls" ist schlicht eine enorm aufregende Scheibe, voll kreischender Gitarren, packender Riffs und fieser kleiner Seitenhiebe auf die Szene, und es stellt Alben wie ... na ja, „Goat's Head Soup" von den Stones, locker in den Schatten. Und dann gab's da noch dieses Cover, ein bahnbrechendes Werk, das auf das Konto der Designerin Betsy Johnson und ihrer Freundinnen Bunky und Nini ging. Nie habe ich vergessen, wie ich dieses Meisterstück zum ersten Mal sah, als es bei Virgin Records Ecke Sloane Square auf dem Tresen lag. Zu jener Zeit gaben haarige Langweiler wie die Allman Brothers den Ton an – und ich fragte mich: Wer oder was war eigentlich dieses verruchte Quintett transsexueller süßer Jungs?

„Damals fuhr ich total auf die androgyne Tour ab", sagt Johansen. „Ich dachte wirklich, das wäre der Clou: daß es keinen Unterschied gibt. Später kam ich zu der Überzeugung, Frauen sollten Frauen sein und Männer Männer. Aber zu der Zeit – ich möchte uns jetzt nicht zu Missionaren der androgynen Sache hochreden, schließlich waren wir doch ganz schön hart drauf und haben wirklich alles mitgenommen, was sich uns bot –, ja zu der Zeit galt diese Einstellung als nobel, und sie ging noch über den Feminismus hinaus."

Der englische Journalist Miles sah die Dolls im Februar 1973 bei einem Gig am Valentinstag, wo sie zusammen mit den Magic Tramps, Queen Elizabeth und anderen auftraten, und er zeigte sich überrascht von einer „neuen Welle New Yorker Bands, die sich Bolan, Slade, Elton und Bowie im großen Stil angeeignet und mit historischen Figuren wie den Fugs, den frühen Mothers und Lou Reed kombiniert haben". Er bemerkte ebenfalls: „Plateauschuhe in Leuchtfarben sind über den

Softrock aus L. A. hinweggetrampelt." In London gab es nichts, was mit Wayne County vergleichbar gewesen wäre, wie er mit riesiger grünrosa Lockenperücke eine umgeschnallte Plastikvagina penetrierte und dazu kreischte: „It Takes A Man Like Me To Fuck A Woman Like Me".

County bekam schließlich einen Vertrag mit MainMan, worauf Tony DeFries ihn den Plattenfirmen als eine Kreuzung aus Bette Midler und Iggy Pop vorstellte. Wie sich denken ließ, blieben die Labels sehr zurückhaltend.

„Das Publikum", fuhr Miles fort, „bildete ein irres Gewimmel von Leuchtfarben, Lurex, Flitter, Glitzerstaub auf Fleisch und Kleidern, Nieten, Satin, Seide und Leder, von leuchtendem Rot, rosa Angorapullovern, grünen Federboas, völlig durchsichtigen Blusen und bunten Plateauschuhen." Die Wirkung all dessen war dem Autor zufolge „recht unheimlich, verglichen mit London, wo man immer noch mehr auf die Wärme und Freundlichkeit von Samt und Spitzen setzt".

„Bei uns war die Glam-Kultur viel stärker mit Punkrock durchsetzt als in England", meint Bebe Buell. „Es war eine Verbindung aus Punk und Glitter, während es in Großbritannien immer entweder das eine oder das andere gab. Dies war nun mal so – auf den Straßen von Manhattan lebte man auf der Wild Side. Das ließ sich höchstens mit dem Berlin der Vorkriegszeit vergleichen. Und hier lief auch noch etwas völlig anderes ab, diese ganze Drogengeschichte nämlich. Richtig üble Sachen, Heroin, Nadeln. Als ich zum Empire State Building hochsah, dachte ich, jetzt weiß ich, warum jeder nach New York kommt, um ein Junkie zu sein."

Drogen wurden schließlich auch zum Untergang der New York Dolls, aber erst, nachdem sie ihre Trash-Botschaft in ganz Amerika verkündet hatten. „Wir waren populär in Florida, Atlanta, Detroit, Cleveland und Chicago", sagt Johansen. „In den Zentren der Autoindustrie lief es aus irgendeinem Grund richtig gut für uns. In Detroit waren die Leute ziemlich hart drauf, aber sie trugen Federboas und hatten sich die Lippen geschminkt. Und ihre Mädels hatten Veilchen."

Nichts hätte die Dolls auf das vorbereiten können, was sie in Los Angeles erwartete. Eine Phalanx knackiger junger Mädchen begrüßte sie, als sie im berüchtigten, auch als „Riot House" bekannten Continental Hyatt auf dem Sunset Boulevard eincheckten.

L. A. erschien im Grunde als der ideale Ort für Glam-Rock – die Filmidole Hollywoods waren schließlich für einen großen Teil der

Bildersprache verantwortlich, die den Glam prägte –, dennoch dominierte hier der Canyon-Rocksound von Crosby, Stills & Nash und Konsorten. Der sogenannte „Bürgermeister des Sunset Strip" der Mittsechziger, Rodney Bingenheimer, war 1971 von der Stadt so gelangweilt, daß er nach London umzog. Er erklärte, er „hätte damals genug gehabt von Frauen mit Haaren auf den Beinen".

Bingenheimer arbeitete in England als Pressepromoter für Mercury Records, David Bowies damaliges US-Label; deshalb war er auch bei einigen der „Hunky Dory"-Sessions dabei. Außerdem ging er mit seiner Freundin Melanie McDonald – der späteren Begleiterin von Tony DeFries – gelegentlich in einen Club in Ealing, der den Namen The Cellar trug. „Dort liefen all jene aufregenden Platten, T. Rex, The Sweet und so", berichtet er. „Und das hatte ich immer im Hinterkopf. Irgendwann erzählte ich David davon, und er meinte: ‚Ja, so einen Club solltest du in L. A. aufmachen.'"

Bingenheimer hatte Bowie zum ersten Mal getroffen, als der Sänger im Januar 1971 nach Kalifornien gekommen war. Damals hatte Rodney für ihn eine riesige Party organisiert, die im Haus des Warhol-Stars Ultra Violet stattfand, und er hatte außerdem veranlaßt, daß Bowie bei dem Produzenten und Manager Tom Ayres in den Hollywood Hills wohnen konnte. Was ihn am meisten faszinierte, war die Tatsache, daß David trotz seines übertrieben femininen Äußeren – weswegen er aus einem Restaurant in Hollywood sogar hinausgeworfen wurde – „ein Mädchen nach dem anderen aufriß ... Tramperinnen, die auf der Straße unterwegs waren."

Eineinhalb Jahre später, als Bowie am 20. Oktober 1972 im Santa Monica Civic in L. A. auftrat, eröffneten Bingenheimer und Ayres den E Club auf dem Sunset Boulevard. Als Bowie sich dort in komplettem Ziggy-Outfit sehen ließ, hielt Glam in Hollywood Einzug. „Rodney schien in Los Angeles einzigartig; genau wie ich war er eine Insel von angelsächsischer Nowness", sagte Bowie. „Er kannte britische Singles und Bands, von denen ich noch nie etwas gehört hatte. Rodney schlug ganz allein einen Pfad durch das zähe Dickicht der Sechziger und ermöglichte es uns Avantgardisten in Spottkleidern, unsere Klänge von morgen vorzuführen."

Als der Club drei Monate später umzog, ein wenig ostwärts zum Sunset Boulevard 7561, avancierte Rodney zum Kronprinzen der Glam-

Szene in Hollywood. Und wie das Mercer Arts Center die kleinen Sexnymphen angezogen hatte, so strömten die Sweet Young Things auch in diese anglophile Oase, die anläßlich der Neueröffnung am 15. Dezember in Rodney Bingenheimer's English Disco umbenannt wurde. „Glam hüpfte via Mercer Arts Center nach L. A.", meint Rodneys Kumpel Kim Fowley. „Ich kehrte gerade aus London zurück und war entsetzt, daß ich die Szene, die ich aus England kannte, hier in exakter Kopie wiederfand. Rodney hatte genau die gleiche angesagte Musik. Und die neue Örtlichkeit gab dem Club den Teenager-Geruch, den er brauchte. Alle hatten tolle Frisuren und waren toll geschminkt, und überall liefen kleine Lolitas rum. Die Leute gaben sich richtig Mühe."

Während Bingenheimer und Fowley in der English Disco Hof hielten, kam ganz Hollywood, um den Groupies mit ihren schwarz geschminkten Lippen und den hohen Plateauschuhen dabei zuzusehen, wie sie ihre Quaaludes einwarfen. Darunter waren scharfe Frauen wie Sable Starr, Lori Lightning, Coral Shields und „Gas Chamber" Nancy. „Die Groupies waren meist Mädchen, die in zerrütteten Verhältnissen ohne Väter aufwuchsen, wo die Mütter arbeiteten", meint Fowley. „Sie befanden sich auf der Suche nach femininen Männern, die nicht schwul waren. Wenn dann noch jemand ein bißchen an Bowie erinnerte, konnte er sich automatisch vor Angeboten nicht retten."

„In L. A. wurde die Glitter-Kultur auf die Spitze getrieben", meint Bebe Buell. „Die Szene lebte vor allem von den Mädchen. In New York stellte das Wort ‚Groupie' eine Beleidigung dar, aber in L. A. wurde es als Ehre aufgefaßt. Als ich Sable und Lori kennenlernte, meinten sie stolz, sie seien die größten Groupies der Welt. Mädchen wie sie mußten keinen Finger rühren, um begehrenswert zu erscheinen. Ganz und gar nicht begeistert über diese neuen jungen Frauen war Miss Pamela. Sie lebte noch sehr in den Sechzigern, in der idealistischen, reichen Hippie-Szene, und als diese neuen Kids auf der Bildfläche erschienen, jünger und dreister und weniger beeinflußt von dem, was andere Leute über sie dachten, wirkte das auf sie sehr bedrohlich."

Miss Pamela war die Ehefrau von Michael Des Barres geworden, Sänger der Glam-Hardrock-Band Silverhead, die seit ihrem zweiten Album mit dem wunderbar passenden Titel „16 And Savaged" eine feste Größe in Los Angeles darstellte. Pamela bedauert: „So sehr ich Rodney liebe, die English Disco war einfach nicht mit dem zu vergleichen, was wir 1965 hatten. Es schwang hier eine gewisse Verzweiflung mit, als ob die Leute nachempfinden wollten, was acht Jahre vorher auf dem Strip gelaufen war." Für Pamela gab es obendrein „so viel Hinterhältigkeit in der Groupie-Szene, während wir in den Sechzigern alle füreinander dagewesen waren und der Zusammenhalt uns mehr bedeutet hatte als irgendein Typ".

Bei Rodney lief ausschließlich englische Musik, zum größten Teil von Platten. „Bands waren nicht gefragt", sagt Bingenheimer. „Die Leute wollten Platten hören. Es war eine Rock-Disco. Wir hatten sogar einen bestimmten Tanz, bei dem sich die Leute nach vorn beugten und mit den Schultern wackelten." (Diese Bewegungsfolge kann nicht überraschen, wenn man bedenkt, wie schwer es war, auf fünfzehn Zentimeter hohen Absätzen zu tanzen.) „Rodney spielte Musik, die man sonst nirgendwo hören konnte", erinnert sich Joan Jett. „Gary Glitter, Slade, Sweet, T. Rex und eine Menge unbekannter Sachen, die nie im Radio gespielt wurden. Glam-Rock hatte einen so einzigartigen Sound; er war zwar melodisch, aber der Schwerpunkt lag auf den Drums, den lauten Gitarren und diesen gewaltigen Mitsing-Refrains."

Jett schwärmte besonders von Suzi Quatro, einer späteren Ikone der Schwulenszene. Als ein Poster, das Suzi in schwarzem Lederbikini zeigte, aus der English Disco verschwand, stellte sich die heranwachsende Jett als die Schuldige heraus.

Der „mechanische Stampfbeat", den Bingenheimer an den großartigen Chinn/Chapman-Singles lobt, kam im Club besonders gut an. Wenn „Ballroom Blitz" aus den Boxen dröhnte und die Tänzer sich selbst in den Spiegelwänden betrachteten, projizierte Bingenheimer Dias dazwischen, die er bei „Top Of The Pops"-Aufzeichnungen in London gemacht hatte. Als Faßbier wurde bei ihm Watney's ausgeschenkt.

Für kurze Zeit gab es bei Rodney auch eine Hausband, Zolar-X. „Der erste Glam-Rock-Act in L. A.", berichtet Kim Fowley. „Die Musiker orientierten sich am ‚Clockwork Orange'-Look und hatten einen großartigen Frontmann." Die Bandmitglieder nannten sich laut einer damaligen Pressemitteilung Eon Flash, Zanny Zantovian, Wiggy Ygarist und Steve Ygarr, und zu ihrem Repertoire zählten Titel wie „Mirrors", „Jet Star", „Space Age Love" und „Test Tube Babies". Wie gut oder schlecht sie waren, werden wir wohl nie erfahren, obwohl Rodney Bingenheimer noch einige Demobänder von ihnen besitzt.

Die waschechten Engländer, die zu Rodney kamen, zeigten sich überrascht, wie offen das Theme Sex in der Szene gehandelt wurde.

„Die Groupies ließen wenig Zweifel daran, was sie wollten", erinnert sich Steve Priest von The Sweet. „Sie waren einfach junge Mädchen, die rote Pailletten trugen und sonst fast gar nichts. Und sie benahmen sich überhaupt nicht schüchtern – sie führten sich auf wie Mae West." Einige Engländer reagierten entsetzt. „Die wirklich berühmten Groupies waren extrem hart drauf und unangenehm", erinnert sich der Journalist Nick Kent. „Diese lieblosen kleinen Mädchen, die zu allem bereit waren, prägten eine Zeitlang meine Vorstellung von Weiblichkeit. Frag mal den Bassisten von The Sweet, der wird dir wahrscheinlich was von den besten Monaten seines Lebens erzählen. Aber auf jemanden mit ein bißchen Geschmack, der nicht völlig Muschiabhängig war, wirkte das alles ziemlich makaber. In dieser Zeit war es so: Wenn du nur dürr warst, aus England gekommen bist und dich wie ein ätzendes Girl aus dem Biba-Szenetreff angezogen hast, dann konntest du alles haben, was du wolltest."

Die New York Dolls hätten darüber hinaus beweisen können, daß man nicht einmal Engländer sein mußte. „Die Dolls waren sehr wichtig", meint Rodney Bingenheimer, „weil sie hohe Absätze, Leder und das ganze Zeug trugen. Man konnte sie für Engländer halten, nur daß sie eben aus New York kamen." Als die Dolls in L. A. auftraten, waren die Groupies nicht mehr zu halten: Sable Starr wandte sich sogar von ihrem haltlosen Lebenswandel ab und wurde Johnny Thunders' „Olle" – wenn man mit fünfzehn schon alt sein konnte. „Da gab es diese total abgefahrene Szene, die geradezu auf uns wartete", bekräftigt David Johansen. „Wir fühlten uns wie Kinder im Süßigkeitenladen, während der Besitzer gerade ein Nickerchen hält. Ich glaube, ich habe eine ganze Woche lang nicht geschlafen."

Bob Gruens halbstündiger Dokumentarfilm über die Dolls, „Looking For A Kiss", bietet einige dynamische Eindrücke von der Band in L. A., darunter auch eine Szene, in der Johansen in der English Disco zu David Bowies Version von „Waiting For The Man" tanzt. Besonders spannend sind die Bilder, die Johnny Thunders als jungen Draufgänger mit Sable Starr am Arm zeigen. Als echter Italo-Amerikaner war er nicht allzu glücklich über die Aussicht, sie mit anderen Rockstars teilen zu müssen. Sable kam sogar mit ihm nach New York, aber sie schaffte es nicht, sich in Manhattan durchzusetzen, wie David Johansens Freundin Cyrinda Foxe behauptet. „Nach dem Zusammensein mit Johnny", sagte sie einmal überaus pathetisch, „war ich einfach nicht mehr die Sable Starr von früher."

Ein anderer Dauergast in der English Disco war Iggy Pop, der in der Welt des Glam zu einer verlorenen Gestalt geworden war. Nachdem ihn MainMan ohne viel Federlesens fallengelassen hatte, kehrte er zu seinen schlechten Gewohnheiten zurück und lungerte oft bei Rodney herum. „Iggy kam in langen Kleidern in den Club, provozierte die Leute und ging dann ans DJ-Pult", erinnert sich Bingenheimer. Kid Congo, der später gelegentlich bei Gun Club und den Cramps Gitarre spielte, erzählt, wie „Iggy auf der Straße vor der Disco sein Kleid hochzog und sich entblößte, und wie Rodney heulte, weil er dachte, daß er festgenommen würde ..."

„Iggy ging mit Sable Starrs Schwester, Coral Shields", berichtet Nick Kent. „Er versuchte, mit dem Heroin aufzuhören und nahm dann Quaaludes und andere Beruhigungsmittel, die ihn in einen noch schlimmeren Zustand versetzten. Ziemlich schnell wurde er als Loser abgestempelt, vor allem, weil er kein Engländer war. Meine lebendigste Erinnerung an ihn ist, wie er mit seinen ‚Raw Power'-Klamotten in der English Disco stand, total drauf, und sich selbst stundenlang in den verspiegelten Wänden anstarrte. Das war ziemlich traurig."

Iggys Elend wurde jedoch auch zur Triebfeder einiger seiner schon beängstigend intensiven Auftritte: Im Max's Kansas City im Juli 1972 und im Whisky-a-Go-Go in L. A. im September 1973 zeigte er sich in selbstzerstörerischer Bestform, ein silberhaariger Verrückter auf einem Todestrip bis an den Rand des Vergessens. „Die beste Band dieser Zeit, die alle anderen in den Schatten stellte, waren für mich die Stooges", sagt Bebe Buell, die auch davon berichtet, daß Iggy sich beim Konzert im Max's die Brusthaut ritzte. Viele der Songs, die Iggy und sein Gitarrist James Williamson in dieser Phase schrieben – fiese, frauenfeindliche Ausbrüche wie „Rich Bitch" und „She-Creatures Of The Hollywood Hills" –, handelten von der Unterwelt rund um die English Disco. „Dieser Jugendkult wird dir vor allem in Amerika eingeprügelt", verriet mir Iggy 1986. „Als ich damals in L. A. lebte, in sehr bescheidenen Verhältnissen, traf ich oft diese schrecklichen kleinen Mädchen, die gerade erst fünfzehn waren und Angst hatten, neunzehn zu werden. Und das ist nicht normal, das ist krank."

1974 hatte Iggy die Stooges-Gigs in Freak-Shows von grotesker Brillanz verwandelt, bei denen nahezu alles passieren konnte und die gewöhnlich in völligem Chaos endeten. „Metallic KO", in seiner

Heimatstadt Detroit im Februar '74 aufgenommen, ist noch immer ein unerreichtes Dokument jener Zeit des Wahnsinns. „Ich weiß durchaus noch, weshalb ich diese Dinge tat, und ich erinnere mich noch ganz genau daran, daß ich sie sehr bewußt getan habe", sagt er. „Ich erinnere mich mehr an die Geschehnisse als an die Folgen. Und auf eine komische, blöde Weise bin ich stolz darauf, damals diese Schelmenfigur abgegeben zu haben. Über ‚Metallic KO' kann ich mich heute noch amüsieren."

Iggys Zeit sollte noch einmal kommen. Denn um die Ecke, nicht weit vom Tal der New-York-Puppen, lauerte der Punkrock.

Dekadenz und Exzesse

„You won't fool the children of the revolution ..."

Marc Bolan

ENGLAND, NOVEMBER 1973: Mit T. Rex geht es abwärts. Das schlappe „Truck On (Tyke)" schafft es nicht mal in die Top Ten, und für Anfang 1974 ist die Veröffentlichung des bei „Ziggy Stardust" abgekupferten „Zinc Alloy And The Hidden Riders Of Tomorrow" vorgesehen. David Bowie selbst hat der Zukunft den Rücken zugekehrt und das nostalgische Cover-Album „Pin-Ups" eingespielt, und Lou Reed präsentiert nach „Transformer" das düster-schwermütige „Berlin", bei dem es um die auseinanderbrechende Beziehung zweier Speed-Freaks geht.

Die damals noch geteilte Stadt diente hier als Metapher für den Bruch zwischen Jim und Caroline. „Berlin" beschwörte eine Unterwelt nach Brecht'schem Muster, die aber völlig ohne die Verschrobenheit eines Christopher Isherwood auskam, wie sie sich in Bowies „Time", in Roxy Musics „Bitter-Sweet" und anderen Cabaret-beeinflußten Glam-Songs zeigte. (Bowie nahm später den „Alabama Song" von Brecht und Weill auf, den auch die Doors 1967 für ihr Debütalbum bearbeitet hatten.) „Berlin" zeigte beispielhaft die dunklen Unterströmungen des Glam – den Preis, der für den Hedonismus der Max's- oder English-Disco--Szene bezahlt werden mußte. Plötzlich lag ein Todeshauch in der Luft. Andrea Feldman, eine der Stammgäste im Max's, brachte sich um. Reeds Frau Betty unternahm ebenfalls einen Selbstmordversuch (ein Vorfall, der den Song „The Kids" auf „Berlin" inspirierte). „Hier spürt man eine Schönheit, die nicht aus Frohsinn, sondern aus dem Unglücklichsein entspringt, ein blühendes Schauspiel des Untergangs", schrieb Timothy Ferris über das Album im Rolling Stone. David Bowie wie auch Iggy Pop zogen nach Berlin, als die Glam-Ära zu Ende gegangen war.

Die Glitterpop-Welle schien jedoch noch immer nicht abzuebben: Das Jahr 1973 begann mit „Blockbuster" von The Sweet an der Spitze der Charts, und es endete mit Slades „Merry Xmas Everybody" in derselben Position. Der Künstlerstamm von RAK und Bell Records sorgte weiterhin für den perfekten Teen-Gegenpol zum feierlichen Pomp von Pink Floyds „Dark Side Of The Moon" oder dem ausgeklinkten Countryrock der Grateful Dead. Ein Riesenhit jagte den nächsten: The Sweet mit „Hell Raiser" und „Ballroom Blitz", Slade mit „Cum On Feel The Noize" und „Skweeze Me Pleeze Me", Gary Glitter mit „I'm The Leader Of The Gang (I Am)" und „I Love You Love Me Love". „Glamrock ist tot", murmelte Marc Bolan. „Es war eine tolle Sache, aber jetzt gibt es The Sweet, Chicory Tip, Gary Glitter ... diese Typen machen doch auf Zirkus und Comedy."

Mittlerweile hatten die Stammgäste in „Top Of The Pops" Gesellschaft von einigen cleveren Opportunisten bekommen – oder von bloßen Spaltprodukten wie der Glitter Band. Der zahme Sixties-Rocker Shane Fenton machte es Glitter nach, unterzog sich einer an Geschmacklosigkeit nicht mehr zu unterbietenden Metamorphose und kehrte als Alvin Stardust zurück: ein Gene Vincent des Glam, der weder bedrohlich wirkte noch irgendeine Sensibilität ausstrahlte. Wenn dieser Karaoke-Clown in „Top Of The Pops" das gräßliche „My Coo Ca Choo" von sich gab, wurde er dabei noch nicht mal von einer Glam-Band begleitet, sondern von einer Horde bärtiger Pubrocker, deren einzige Anlehnung an Glitter ihre T-Shirts waren, auf denen „Alvin Stardust" stand.

Wußte Hoagy Carmichael, was er anrichtete, als er „Stardust" schrieb? Hätte der Legendary Stardust Cowboy ahnen können, wie sich das Wort durchsetzen würde, nachdem Bowie es für seinen Cyber-Hybriden Ziggy Stardust ausgeliehen hatte? Als 1974 der Film „Stardust" mit David Essex in die Kinos kam, wurde der Ausdruck bereits als eine Art Code für Glam gehandelt.

Indessen gründete Roy Wood von The Move seine Band Wizzard und verwandelte sich in einen fiesen Harlekin, der von Gitarristen in Gorillakostümen und ein paar Teddyboys am Saxophon begleitet wurde. Mit ihren Hits wie „See My Baby Jive" und „Angel Fingers" markierten Wizzard den Schnittpunkt zwischen Siebziger-Jahre-Glam und der nostalgischen Renaissance von Fifties-Rock 'n' Roll und Spector-Pop der Sechziger. Ähnliches gilt auch für den schwachsinnigen Teddyboy-Pop von Mud, deren Frontmann Les Gray wie ein schlecht geklonter Elvis mit Kreppsohlen aussah – Nicky Chinn, der Schöpfer von Muds zweifellos eingängigem „Tiger Feet", beschrieb den bebrillten Sänger als „Hammelkeule im Glam-Dreß". *Selbst hier ging es echt androgyn zu: Gitarrist Rob Davis stolzierte in rosa Chiffonhosen herum und hatte sich ganze Trauben kleiner Kugeln an die Ohren gehängt.*

Zu den Glam-Sensationen des Jahres zählte Elton John mit seinem Doppelalbum „Goodbye Yellow Brick Road“. Der Song „Bennie And The Jets“ erzählte von einer Truppe im Ziggy-Stil, die eine Sängerin mit „electric boots and mohair suit“ vorweisen konnte, und auf dem Cover war Elton mit glänzend roten Plateauschuhen abgebildet. Auf „Yellow Brick Road“ war ein Elton zu hören, der die Amerikana seiner früheren Alben hinter sich gelassen hatte und der dem Glam immer näher kam, während er weiterhin versuchte, sich in der ehrenwerten Kunst des singenden, songschreibenden „Piano Man“ zu verwurzeln. Es dauerte nicht lange, und Eltons Garderobe stellte alles in den Schatten, was Bowie, Bolan oder Roxy je getragen hatten. John war so vom Glam begeistert, daß er – als er Iggy Pop unbedingt für sein Rocket-Plattenlabel gewinnen wollte – bei einem Stooges-Gig in Atlanta in einem Gorillakostüm auf die Bühne stürmte. Leider ging die Idee nach hinten los – der zugeknallte Iggy hielt Elton für einen echten Gorilla und rastete völlig aus.

In der Londoner Popszene breitete sich mittlerweile eine Stimmung drückender Dekadenz aus. Zentrum war das extrem angesagte Kaufhaus Biba in Kensington. „Gerade hier und gerade jetzt hatten wir das Gefühl, als ob unsere Party immer weiterginge und dabei ständig größer, reicher, süßer und wilder würde“, schrieb Angie Bowie über das Leben in und um Chelsea. „Schön, vielleicht war es Nero, der für uns aufspielte, aber er hatte verdammt gute Songs drauf.“ Im Biba gab es Art Deco, Hollywood-Design und transsexuelle Mode zu bestaunen, es war daher der ideale Treffpunkt für die „Beautiful People“ der Hauptstadt, und eine Etage höher, im Rainbow Room, traten regelmäßig Glam-Bands auf.

„Am Biba fand ich so toll, daß dort nie das Geldscheffeln im Vordergrund stand“, meint der Fotograf Mick Rock. „Es war einer der ersten Läden, wo du einfach nur ermutigt wurdest, dich dort aufzuhalten, und wenn du nichts gekauft hast, dann wurdest du auch nicht behelligt. Oben auf dem Dachgarten oder im Rainbow Room fanden riesige Partys statt, und dort hast du sie alle getroffen: Justin de Villeneuve, Michael Roberts, Janet Street-Porter, Amanda Lear, Freddi Buretti, Molly Parkin, Andrew Logan, Derek Jarman. Die drei großen Glam-Designer waren Bill Gibb, Ossie Clark und Zandra Rhodes, und jeder kaufte ihre Klamotten im Biba.“

Im November 1973 spielten die New York Dolls im Rainbow Room, nachdem ihr Debütalbum für Mercury gerade in Großbritannien veröffentlicht worden war. „Wir sind nach England gekommen, um die Ausgestoßenen der Gesellschaft zu erretten", erklärte David Johansen bei der chaotischen Pressekonferenz der Band. „Hier scheint jeder ... homosexuell zu sein. Die Kids merken, daß sie sexuell auf einer Wellenlänge liegen. Sie merken, daß diese sexuellen Unterscheidungen – homo, bi, hetero – nur Silben vor dem ‚sexuell' sind. Ich werde beschuldigt, transsexuell zu sein, weil ich Jerry geküßt habe, aber ich liebe Jerry. Ich denke, Jungs sollten Jungs küssen, meint ihr nicht auch?"

„Ich erinnere mich gut an die Gigs im Biba, weil Arthur wegen Ladendiebstahls festgenommen wurde", erzählt Johansen fünfundzwanzig Jahre später. „Schau, die Szene im Biba war ziemlich ähnlich wie im Mercer Arts Center. Da waren Typen, die sich rausputzten, zu ihrem Treffpunkt gingen und sich selbst feierten. Das Motto lautete: Wir haben diese irren Klamotten, wo lassen wir uns damit sehen?"

London war für die Band bereit: Die beiden Shows der Dolls am 26. und 27. November waren das Großereignis der Szene. „Wir liebten die New York Dolls, wir hielten sie für absolut großartig", schwärmt Nicky Chinn. „Sie machten dasselbe wie wir, nur viel düsterer. Wir fanden es toll, was da in Amerika abging. Die Amerikaner waren etwas extremer – sie gingen immer noch einen Schritt weiter, und wir beobachteten das mit großem Interesse." Im Melody Maker schrieb Michael Watts, die Dolls seien „ein Riesentritt in den Hintern des Rock 'n' Roll-Riesen ... mit ihrer rauhen Musik und den übertriebenen Posen sind sie die neuen Kinder des Pop, die ihre Vorgänger nachäffen und unanständige Geräusche machen".

Ebenso wichtig wie die Gigs im Biba war der Auftritt der Dolls beim „Old Grey Whistle Test" auf BBC2, wo sie „Jet Boy" und „Looking For A Kiss" spielten, während Moderator Bob Harris sich abseits der Kamera gruselte. „Ich war dreizehn, und das war mein erstes richtig emotionales Erlebnis", schrieb Morrissey später in dem schmalen Bändchen, das er über die Dolls herausgab. „Am nächsten Tag war ich einundzwanzig." Daß er ein Fan der Dolls war, so schilderte es Morrissey, zerstörte seine ganze Schullaufbahn: „Ich wurde aus der Bahn geworfen, und die Fußballmannschaft schmiß mich raus, weil ich zu den Spielen in selbstgemachten Dolls-T-Shirts erschien. Die Lehrer machten sich große Sorgen und wähnten schon, ob ich im Fummel zur Mathestunde erscheinen würde. Die Dolls vermittelten mir ein Gefühl der Einzigartigkeit, als ob sie meine persönliche Entdeckung gewesen wären. 1973 galten die Dolls als echte Ausgestoßene, die von Leuten mit einem Fünkchen Verstand nicht einmal erwähnt wurden. Ich war sozusagen der einzige sichtbare Beweis, daß es Leute gab, die ihnen tatsächlich zuhörten."

Zu den zahlreichen Bands, mit denen die Dolls in der zweiten Jahreshälfte 1973 in New York spielten, gehörten auch Kiss. Ebenso wie Elton John – und wie Cher oder Bette Midler, die mit Jerry Nolan liiert war, bevor jener zu den Dolls stieß – nahmen Kiss das Schockierende am Glam und ließen es in höchst effizienter neuer Verpackung als Theater wieder auferstehen: in ihrem Fall als Heavy-Metal-Horror-Rock der Post-Alice-Cooper-Phase.

„Kiss haben mir mal erzählt, daß sie wirklich von den Dolls inspiriert wurden", sagt Bob Gruen. „Sie hatten mitbekommen, welche Mädchen auf die Dolls abfuhren, und das weckte mit Sicherheit Gene Simmons' Ehrgeiz. Gene und Ace Frehley sahen sich die Dolls im Diplomat Hotel an, und am nächsten Abend hatten sie eine Banddiskussion über ihr Image. Sie gingen davon aus, daß es zwecklos sei, sich schön zu machen, weil sie es in dieser Hinsicht mit den Dolls nicht aufnehmen konnten. Also beschlossen sie, sich in Monster zu verwandeln."

Im Oktober 1973 berichtete Dave Marsh für den Melody Maker über die New Yorker Glam-Szene und schrieb über Kiss, sie sähen aus, als seien sie gerade vom Set des Underground-Films „Pink Flamingos" gekommen: „Sie bestätigten mich in meiner Überzeugung, daß dieser Glitter-Boom eigentlich nichts anderes als ein einziger Häßlichkeitswettbewerb war."

Während 1974 der unaufhaltsame Aufstieg von Kiss begann, fielen die Dolls allmählich auseinander. „Bands wie Kiss waren professionell, und das stellte den Unterschied zwischen ihnen und uns dar", bilanziert David Johansen. „Groß herauskommen kannst du nur, wenn du in der Gruppe miteinander diskutierst und dir darüber klar wirst, was du erreichen willst. Wir dagegen redeten nicht miteinander, wir stritten uns höchstens. Damals war das Business auch noch anders. Es gab keine Auftrittsorte, keine Regeln, es ergab sich alles irgendwie, wenn es soweit war."

1974 argumentierte Albert Goldman in seinem Artikel „Rock Goes Hol-ly-wooood!", daß Rock „reine Unterhaltung" geworden sei, seit die großen Stars sich auf den tuntigen Glamour von Busby Berkeley oder die unheimliche Gothic-Ästhetik von Bela Lugosi besonnen hatten. Eigentlich hätte Rock längst tot sein müssen, behauptete Goldman, aber statt dessen hatte er sich in „eine Industrie, eine Traumfabrik verwandelt, wie das alte Hollywood", und er versorgte die über Zwanzigjährigen, die aus den Idealen der Sechziger herausgewachsen waren, mit Sounds und Bildern von exzessiven Lebensweisen – sozusagen mit einem erregenden Kitzel aus zweiter Hand. Als Alice Cooper auf der Bühne guillotiniert wurde, was taten da die „netten Jungs und Mädchen mit ihren Fönfrisuren, den gut sitzenden Schlaghosen und dem stilsicher aufgetragenen Lidstrich"? Na was schon: „Sie brachen in spontanen Beifall und Begeisterungsschreie aus."

Sogar schwarze Stars wie Patti Labelle und die Pointer Sisters bedienten sich des herkömmlichen Glamours der R & B-Performer und führten ihn auf neue Höhen futuristischen Bombasts: Die Pointers schöpften aus denselben rückwärtsgerichteten Manierismen wie Bette Midler, aber die Space-Outfits von Labelle und Nona Hendryx setzten einen wilden Gegensatz zur irdischen Lust von „Lady Marmalade". An Elton John kam allerdings niemand heran, wenn er in seinem weißen Cowboyanzug, mit Marabufedern und silberglänzenden Hotpants auf die Bühne stieg, auf der fünf Stutzflügel standen, jeweils in verschiedenen Farben. Das hätte sich Liberace einmal trauen sollen!

Die Extreme des Glam erreichten gewissermaßen ihren Höhepunkt mit den unglaublichen Plateauschuhen, die Elton als Pinball Wizard im „Tommy"-Film trug (1975). Wie Phil Dellio und Scott Woods es formulierten: „Das beste Bild für Eltons übermenschlichen Status in den Mittsiebzigern – vielleicht sogar das Bild, das als Symbol für das ganze Jahrzehnt dienen könnte – findet sich in Ken Russells ‚Tommy' ... ein one-man Mount Rushmore der künstlich aufgeblähten Bedeutungslosigkeit, eine glitzernde Tabula rasa für träumende Pop-Herumtreiber ..."

Exzeß stand nun auf der Tagesordnung. Sogar Lou Reed kehrte mit einer wüsten neuen Rolle aus den düsteren Tiefen Berlins zurück: als vom Speed gezeichnetes Rock 'n' Roll-Animal, eine Ledertunte mit rasiertem Kopf, die schräge Versionen seiner großen Hits mit den Velvets und aus der „Transformer"-Zeit von sich gab. „Songs aufzuzeichnen, die vier Jahre zuvor entstanden waren und nun plötzlich total gut ankamen, das war schon sehr interessant", meint er rückblickend. „‚Rock 'n' Roll Animal' ist noch immer eine der besten Liveplatten, die je aufgenommen wurden. Mittlerweile habe ich genug Distanz dazu, daß auch ich das heraushören kann. Die Songs waren wie geschaffen für diesen Sound."

Als das lahme Album „Sally Can't Dance" erschien, hatte Lou sich in eine Art Igor verwandelt, eine Anti-Ikone des Gothic-Metal, die sich Malteserkreuze ins Haar rasiert hatte und sich einen transsexuellen Liebhaber namens Rachel hielt. „Es ist toll, blond zu sein", sagte Reed, „vor allem, wenn die dunkle Originalfarbe durchscheint. Das wirkt so herrlich billig."

Doch weder Lou Reed noch die New York Dolls waren die extremste Erscheinung des amerikanischen Glam, sondern ein unglaubliches Geschöpf namens Jobriath – der erste und einzige Performer dieser Zeit, der sich offen als „echte Schwuchtel" bezeichnete. Jobriath wurde 1946 als Bruce Campbell in einer kleinen Stadt in Pennsylvania geboren, die den erstaunlichen Namen King Of Prussia trug. Er war am Klavier klassisch ausgebildet und hatte in der Hollywood-Verfilmung von „Hair" einst den schwulen Teenager Woof (jawohl, so hieß dieser tatsächlich!) gespielt. Einen Nervenzusammenbruch später wurde er von Impresario Jerry Brandt entdeckt, der im Büro des Columbia-Obergurus Clive Davis zufällig ein Demo von ihm hörte. Davis zeigte sich nicht besonders beeindruckt, aber Brandt war überzeugt, daß er mit Jobriath die Urform eines amerikanischen David Bowie gefunden hatte, den er nun zum größten Star des Jahrzehnts aufbauen könnte.

„Er war zerbrechlich, bleich, ungewaschen, ungekämmt, und er roch schlecht", berichtete Brandt dem Rolling Stone über das Zwitterwesen, das er Ende 1972 in einer unmöblierten Wohnung in Hollywood fand, wo es sich nur von Bier ernährt hatte. „Und er war eines der schönsten Geschöpfe, das ich jemals gesehen habe." Brandt, der zuvor Carly Simon gemanagt und den Electric Circus Club in New York geführt hatte, schaffte es, Elektra-Boß Jac Holzman für Jobriaths Unterschrift einen Vorschuß in der unvorstellbaren Höhe von 300.000 Dollar abzuringen. Ein Teil davon wurde für die Aufnahmesessions zum ersten Album des Sängers verwendet, das im New Yorker Electric-Lady-Studio entstand: eine Sammlung von Songs, die der frühere Hendrix-Toningenieur Eddie Kramer produzierte; die Musik orientierte sich stark an Elton John, Bowies „Hunky Dory“ und den pseudo-klassischen Arrangements, die Bob Ezrin für Alice Cooper konstruiert hatte.

Ein wesentlich größerer Teil des Geldes wurde dafür aufgewandt, einen Hype um Jobriath aufzubauen, wie es ihn noch nie zuvor gegeben hatte; so wurde eine Plakatwand von zwölf mal dreizehn Metern am Times Square errichtet, auf der das Nacktfoto des Sängers vom Cover in vollem Glanz erstrahlte. Dieser kleine Süße aus King Of Prussia war alles andere als zurückhaltend.

„Jobriath ist eine Mischung aus der Dietrich, Marceau, Nureyew, Tschaikowsky, Wagner, Nijinsky, Bernhardt, einem Astronauten, den besten Eigenschaften von Jagger, Bowie, Dylan und dem Glamour der Garbo“, posaunte Jerry Brandt in die Welt hinaus. „Er ist ein Sänger, ein Tänzer, eine Frau, ein Mann.“ Die Wahrheit war, daß dieser Science-fiction-Satyr wirklich Talent hatte – sicher, einiges hatte er von Bowie abgekupfert, aber er war kein Scharlatan. („Morning Starship“ ist dafür Beweis genug.) Doch Brandts Hype ging aufs übelste daneben. Zwar erklärte sogar die New York Times Jobriath für „eine kühne Parodie, die den Schockfaktor allein um seiner selbst willen feiert“, und Record World bezeichnete den Sänger als „wahren Renaissance-Menschen“, aber der Presse-Overkill brachte viele andere Kritiker dazu, Jobriath als kurzlebige Medienattraktion abzutun. Davon abgesehen war Amerika nicht im geringsten darauf vorbereitet, sich mit einem verdorbenen Rock 'n' Roll-Faun einzulassen, der so gar keinen Zweifel an seiner Homosexualität ließ, die er auf dem Opener des Albums, „I'maman“, offen verkündete. Als Jobriath und seine Band The Creatures im Januar 1974 für einen Auftritt bei „Midnight Special“ eingeladen waren – wo bereits die berüchtigten Performances von Todd Rundgren und den New York Dolls stattgefunden hatten –, verlangte der Produzent der Show, daß sie die soulige S & M-Hymne „Take Me, I'm Yours“ gegen „Rock Of Ages“ eintauschten.

Die Hype-Allergiker besänftigte es erst recht nicht, als bekannt wurde, daß Jobriath sein Livedebüt in der Pariser Oper geben würde – ein Konzept, das der Elektra-Manager David Geffen unterstützte, der sich damals noch nicht offen zu seiner Homosexualität bekannte. Als die Kosten ins Unermeßliche stiegen, wurde die Show abgeblasen; die ersten Liveauftritte des Sängers fanden dann im Juli 1974 im eher bescheidenen Rahmen des Bottom Line Club in New York statt. Wenig später erschien Jobriaths zweites Album „Creatures Of The Street", das mit „Young Americans"-Funk und aufwendiger Orchestrierung aufwartete und nach Broadway-Muster konstruierte Hymnen auf Filmstars bot. Diese Broadway-Elemente waren ein erster Hinweis auf die Richtung, die Jobriath später einschlug, als er unter dem Namen Cole Berlin wieder auftauchte: als „rumgetränkter Lounge-Sänger", wie er selbst sich ausdrückte.

Die erste Amerikatournee war gerade zur Hälfte absolviert, als Jerry Brandt den Hype, den er geschaffen hatte, selbst satt bekam und Jobriath wie eine heiße Kartoffel fallenließ – wobei auch die wachsende Drogenabhängigkeit seines Protégés eine Rolle spielte. Die Songs, die für ein drittes Elektra-Album geplant waren – darunter „The Actor" und „Oh Lord, I'm Bored" – wurden nie veröffentlicht.

1975 zog sich Jobriath aus dem Rockgeschäft zurück und lebte zurückgezogen im Chelsea Hotel in Manhattan, bevor er sich Ende der Siebziger als Cole Berlin zurückmeldete. Er starb 1983 in jenem Hotel als eines der ersten Opfer der AIDS-Epidemie, die nun in Amerikas schwuler Szene wütete. Wie Rob Cochrane in einer lange überfälligen Würdigung dieser unglaublichen Gestalt schrieb: „Es ist bezeichnend, daß ausgerechnet der einzige Performer, der sich damals offen zu seiner Homosexualität bekannte, heute so beharrlich vergessen wird, wenn man an diese Zeit der Geschlechterverwirrung und Provokation zurückdenkt."

Zu Jobriaths großen Bewunderern zählt Morrissey. Er verbeugte sich vor dem Entertainer auf dem Cover der japanischen Pressung von „My Love Life".

Im März 1974 trafen sich die New York Dolls, um zusammen mit dem legendären Sixties-Produzenten „Shadow" Morton an ihrem zweiten Album zu arbeiten.

„Shadow war ein Produzent, den ich sehr liebte", erinnert sich David Johansen. „Er ließ sich vollkommen von uns beanspruchen, obwohl er zu jener Zeit seine Kraft brauchte, um gegen eigene Dämonen anzukämpfen. Ich erinnere mich, wie er im Studio verkündete: ‚Jungs, jetzt ist Schluß bei mir mit dem Alkohol!' ‚Bravo!', johlten wir dann. Ich denke, er machte seine Sache sehr gut – ‚Stranded In The Jungle' lief im Radio rauf und runter, was schließlich eine reife Leistung war. Shadow hatte all diese Stories aus der Brill-Building-Hitschmiede der frühen Sechziger drauf – irgendwie war er der Rebell des Brill Building gewesen. Er erzählte mir von den Shangri-Las-Platten, die er produziert hatte. Und von Janis Ians ‚Society's Child'. Was war das für eine geniale Scheibe!"

Auf dem Album waren Covers gängiger Rhythm & Blues-Nummern und auch neue Songs der Dolls vertreten, wie etwa „Babylon" und „Puss 'n Boots". Der LP-Titel „Too Much, Too Soon" paßte nur allzu gut zu einer Band, die sich in den einschlägig bekannten New Yorker Fallstricken – Drogen und harte Getränke – verhedderte. Daher blieben ihre frühen Versprechen uneingelöst. „Die Dolls scheiterten, weil sie ihre Rock 'n' Roll-Phantasien wirklich lebten", so der knappe, aber ehrliche Kommentar von Kiss-Bassist Gene Simmons, einem ehemaligen Lehrer aus Brooklyn. Sowohl Johnny Thunders als auch Jerry Nolan bewegten sich in einem frühen Stadium von Heroinabhängigkeit, während Arthur Kane ein hoffnungsloser Trinker war, der sich auf eine ungesunde Affäre mit der hübschen Connie Gripp – einem knallharten Groupie von der Lower East Side – eingelassen hatte.

Um die Welt auf „Too Much, Too Soon" vorzubereiten, führten die Dolls eine „Easter Parade" durch, eine Mini-Tournee, die auf Manhattan und die Außenbezirke New Yorks beschränkt blieb und die ihren Höhepunkt mit einem Auftritt im Club 82 erlebte, einem uralten Downtown-Treffpunkt für Drag Queens und deren Bewunderer. Zu Ehren der lesbischen Besitzerinnen Tommy und Butchie spielte die Band den kompletten Set in Frauenkleidern. „Wir haben ihnen stets gepredigt, sie sollten auch Rock 'n' Roll in den Club reinnehmen, denn Drag Queens bewegten sich jetzt auch auf der Straße ungeniert, diese Leute mußten sich nicht mehr verstecken", erinnert sich Johansen, der damals in einen bezaubernden Fummel seiner Freundin gehüllt war, der wie für ihn gemacht schien. „Tommy sagte, sie würde es mal mit uns probieren. Ich bin mir nicht mehr ganz sicher, ob John wirklich ein Kleid trug, da war für ihn dann doch Schluß, ich jedenfalls war wie eine alte Nutte ausstaffiert. Die Mädchen schrien ‚Die sind ja echt schwul!', und Butchie johlte von der Bar herüber, ‚Ich hab immer schon gesagt, daß du 'ne Schwuchtel bist!'"

Viele Bands, die ehemals im Mercer Arts Center aufgetreten waren, spielten nun im Club 82, nachdem das Mercer im August 1973 dicht machte. Zu den neueren Acts dieser Szene zählten Fast, The Brats,

Jet Black, Another Pretty Face, die frühen Television und die Stilettos, mit denen Debbie Harry bekannt wurde. Hier keimte die spätere Punkszene des CBGB's.

Außerhalb New Yorks liefen die Dinge nicht so gut für die Dolls. Sie gingen mit Bands wie Mott The Hoople auf Tour. Mott hatten gerade den Nachfolger zu „All The Young Dudes" herausgebracht: das Album „Mott", mit dem sie es zum ersten Mal in die US-Top 40 schafften. Der bei Mott ausgeschiedene Mick Ralphs war durch den ehemaligen Spooky-Tooth-Gitarristen Luther Grosvenor ersetzt worden, der sich im Lauf der Zeit eines der großartigsten Glam-Pseudonyme zulegte: Ariel Bender.

„Mott brauchten uns auf dieser Tour", verriet Johansen in einem Interview mit Nick Kent. „Ian Hunter schickte Ariel öfters ins Publikum, wenn wir auf der Bühne standen – er sollte genau studieren, wie sich Johnny bewegte. Nach unseren Auftritten gingen wir dann auf ihre Zimmer, klauten ihnen die Drinks und bumsten ihre Groupies, bevor sie merkten, was los war."

Die Tatsache, daß Mott The Hoople in Amerika mehr Erfolg hatten – „Too Much, Too Soon" von den Dolls kletterte nie höher als bis auf Platz 167 –, könnte man auf das konservativere Erscheinungsbild von Hunter & Co. zurückführen. Der Aufstieg einer Band wie Aerosmith, die wie die Dolls vom Leber-Krebs-Management betreut wurde, läßt vermuten, daß die Dolls in Amerika chancenreicher gewesen wären, hätten sie ihren Transvestiten-Look weniger extrem zur Schau gestellt. Die Ironie dabei ist, daß Aerosmith-Sänger Steven Tyler garantiert mehr von David Johansen beeinflußt war als von Mick Jagger. „Ich bewunderte die Dolls", bekannte er. „Es hieß immer, ich sähe aus wie Mick Jagger, aber Johansen hatte noch viel dickere Lippen. Der Bursche hätte die Erde verschlingen können ... und er tat es auch!"

Im darauffolgenden Jahr, als „Toys In The Attic" von Tyler & Co. in den USA Platin erhielt, schrieb ein zorniger Morrissey einen flammenden Brief an den Melody Maker und beklagte darin, daß Aerosmith so wenig originell seien. „Ist ja nett gemeint, aber dennoch: nein danke!", ärgerte er sich: „Da hole ich mir meine Rock 'n' Thrills lieber weiter bei den New York Dolls."

Wenig Antriebskraft fiel mit andauerndem Bedröhntsein zusammen, und Ende 1974 versetzte die Kombination aus diesen beiden

Faktoren einer Band den Todesstoß, die zwanzigmal innovativer war als Aerosmith in ihren kühnsten Träumen. „Die Stones hatten Aufpasser und Krankenschwestern, aber wir waren auf uns selbst gestellt", erzählt Johansen. „Wenn wir in Detroit spielten und einer von uns einen Schuß brauchte, mußten wir halt rausgehen und uns darum kümmern." Dann eilte ihnen ein Mann zu Hilfe, der wie aus einer Erzählung von Charles Dickens wirkte: der ausgefuchste Malcolm McLaren. Vermutlich rettete er die Band gerade noch einmal vor dem Auseinanderbrechen. In seiner Londoner Boutique Too Fast To Live, Too Young To Die waren die Dolls bereits während ihres England-Aufenthalts 1973 Kunden gewesen. McLaren kam auf den Einfall, die Band in rotes Leder zu stecken und hinter ihnen auf der Bühne eine Flagge mit Hammer und Sichel aufzuhängen.

„Malcolm war nie unser Manager", betont Johansen. „Er war eine Weile unser Ausstatter, und er fand uns toll. Syl und ich hatten den Song ‚Red Patent Leather' geschrieben, also sagten wir Malcolm einfach Bescheid, daß wir rote Lackleder-Outfits brauchten, und sofort schleppte er sie aus England an. Er reiste eine Zeitlang mit uns herum, weil er mit Vivienne Westwood Streß hatte und Vivienne meinte, sie sollten etwas Abstand zueinander gewinnen. Ich konnte ihn wirklich gut leiden, und ich mochte seine Ansichten. Er war jemand, mit dem ich mich unterhalten konnte, weil er von vielen Dingen eine Ahnung hatte, er kannte die Französische Revolution. John war da nicht der richtige Gesprächspartner für mich, ihn konntest du in dieser Hinsicht vergessen. Doch die schöne Zeit ging schnell zu Ende: Malcolm machte nur die letzten vier oder sechs Wochen mit."

Als die „Red Patent Leather"-Show am 28. Februar 1975 im New Yorker Little Hippodrome Premiere feierte, reagierte das Publikum sowohl mit ungläubigem Staunen wie auch mit Erleichterung: Die Dolls schienen zumindest miteinander im Einklang zu sein. Der Plastik-Marxismus schien zwar etwas arg grell, aber neue Songs wie „On Fire" und „Teenage News" wirkten wenigstens in sich stimmig. Leider reichte das nicht aus, um die Auflösung der Band zu verhindern. „Es machte mich traurig, mitansehen zu müssen, wie sie in sinnlosen Aktionen unnötig ihre Energie verpufften", beklagt McLaren. „Es war nur eine oberflächliche Energie, die sich allzu leicht entlud ... eine Energie, die mit nichts aufgeladen war außer mit Eifersucht, und was ist das für eine Zeitverschwendung!“ Daß Thunders und Nolan McLaren für einen Blödmann hielten, brachte die Allianz auch nicht gerade voran.

Die Dolls näherten sich bereits ihrem sicheren Ende, doch McLaren behielt die Zukunft im Auge: Im Little Hippodrome traten Television als Support-Band auf, und Richard Hell trug auf der Bühne ein zerrissenes T-Shirt und Sicherheitsnadeln. Schon im Mai 1975 sollte Hell in Johnny Thunders' neuer Band, den Heartbreakers, Baß spielen.

Zum endgültigen Aus kam es, als die Dolls für Ende April eine Mini-Tour in ihrem alten Stammrevier Süd-Florida angesetzt hatten. Thunders und Nolan dachten an nichts anderes, als so schnell wie möglich zu ihren Heroin-Dealern nach New York zurückzukommen, so daß sie schließlich den Dienst quittierten. Johansen und Sylvain versuchten, mit einem Ersatz-Line-up über die Runden zu kommen und tourten im Juli noch durch Japan, aber die Dolls waren damit gestorben. Ihr Vermächtnis sollte jedoch noch Jahrzehnte weiterleben: Sie hatten die Saat gelegt für den New Yorker Punk und beeinflußten in den Achtzigern unzählige vom Glam infizierte Hardrocker. „Die Dolls zeigten vielen Leuten: Hey, auch ich kann eine Band gründen!“, meint Johansen. „Sie bewiesen, daß man sich nicht in seinem Zimmer einigeln mußte, um zehn Jahre später als Eric Clapton wieder rauszukommen.“

Ende 1975 stand New York an der Schwelle zum Punk. Die Heartbreakers hatten sich zusammengefunden, eine Gegenströmung setzte ein, und neue Bands, die auf jeglichen Glamour verzichteten, tauchten auf. „Ich erinnere mich, daß wir probten“, erzählt Johansen, „und die Ramones spielten ein paar Türen weiter; sie waren bisher noch nirgendwo aufgetreten. Wir sagten, ‚Mann, ihr seid so schlecht, vergeßt es lieber!‘ So ging ich mit jedem um. Talking-Heads-Drummer Chris Frantz verspottete ich: ‚Du bist ein echt netter Typ, du solltest dir einen Job suchen, bei dem du richtig Geld verdienen kannst.‘ Ich hätte gerne so eine Bemerkung gemacht wie: ‚Mit dem Kerl da als Sänger schafft ihr es nie im Leben.‘ Also, was weiß ich denn schon?“

„Glitter-Rock war dekadent – Plateauschuhe und Jungs mit Lidschatten, David Bowie und Androgynität“, schrieb Legs McNeil in „Please Kill Me!“. „Alles drehte sich um reiche Rockstars, die ihr Leben so gestalten wollten wie in einer Berlin-Geschichte von Christopher Isherwood. Sie wollten wie Sally Bowles mit Drag Queens ausgehen, zum Frühstück Champagner trinken und Dreiecksgeschichten unterhalten, während die Nazis langsam die Macht ergriffen." Verglichen mit dem, was real in der Welt passierte, „mutete diese Dekadenz etwas merkwürdig an". Beim Punk ging es nicht um schleichenden Verfall. Beim Punk ging es um die Apokalypse. Now.

In gewisser Hinsicht ist diese Sicht der Dinge zu einfach. Dick Hebdidge hob in seinem Buch „Subculture" ganz richtig hervor, daß die „Punk-Ästhetik ... als ein Versuch verstanden werden kann, die im Glam-Rock verborgenen Widersprüche offenzulegen" und daß das „Proletarische" des Punk eine direkte Reaktion auf die Arroganz, Eleganz und Weitschweifigkeit der Glam-Rock-Superstars war. Aber selbst er mußte zugeben, daß Hundehalsbänder und Sado-Maso-Gear über karierten Hosen nur eine andere Art von Kostümierung darstellten – ein seltsames Dandytum, pervertiert durch Selbstverunglimpfung. „Daher stellt Punk eine absichtlich hingeschmierte Fußnote zum ‚Text' des Glam-Rock dar", schloß Hebdidge, „eine Fußnote, mit der die Luft aus der überladenen Extravaganz des Glam herausgelassen werden sollte." Auf den Punkt gebracht: Punk war Glam, der sich selbst zerstörte.

Auch die Ramones hatten ihren Ursprung direkt im Glam. „Ich wollte mich so anziehen, wie es mir selbst gefiel", bekräftigt Joey Ramone (alias Jeffrey Hyman), der bei Sniper, einer Glam-Band aus Queens, am Mikrofon stand. „Ich trug einen enganliegenden schwarzen Satin-Overall mit offenem Reißverschluß, Lederhandschuhe mit Stulpen bis zum Ellenbogen und eine breite Gliederkette um die Hüften. Ich lief in lilarosa Stiefeln mit fünfzehn Zentimetern Absatz, mit Lederjacke, schwarzer Sonnenbrille und langen Haaren herum. Es war ziemlich androgyn, aber damals kam man damit durch. Trotzdem wollten mich eine ganze Menge Leute killen."

„Joey stand ziemlich auf dieses Glitter-Ding", erinnert sich sein Bruder Mickey. „Er klaute unserer Mutter ihren ganzen Schmuck, ihre Klamotten, ihr Make-up und ihre Tücher. Ich fand es damals toll, daß Joey in einer Band mitmachte, aber es war ziemlich gefährlich, in diesem Aufzug auf dem Queens Boulevard den Daumen rauszustrecken. Mit seinen Plateauschuhen war der Junge über zwei Meter groß." Schließlich wurde Joey tatsächlich zusammengeschlagen, aber zu der Zeit waren Sniper schon zur Hausband im größten Club der Gegend, dem Coventry, avanciert. „Da versammelte sich ein echtes Glitterpublikum", berichtet Mickey Hyman. „Alle standen auf die Harlots

Of 42nd Street." Sowohl die Dolls wie auch Kiss gehörten zu den Publikumsmagneten im Coventry und traten dort regelmäßig auf.

Als Glam sich im Sommer 1974 bereits auf dem Rückzug befand, gründete Joey die Ramones. Sie waren eine Kreuzung aus Slade und Stooges. Binnen weniger Wochen hatte die Band die Essenz des Siebziger-Hardrock zu zweiminütigen Punk-Bubblegum-Explosionen komprimiert – der schlichte Teenager-Pop des Brill Building traf auf nihilistischen Metal. Nach den Velvets und den Dolls markierten die Ramones die nächste Stufe der steten Entwicklung, die im New Yorker Punk-Bewußtsein mündete. Und als Joey das Make-up seiner Mama wieder auf ihren Frisiertisch legte und sich statt dessen ein paar zerrissene Levi's und Turnschuhe besorgte, war die Romanze der Stadt mit dem Glam vorbei.

„Genau wie Nirvana später mit den ‚Hair Bands' aufräumten, kamen damals die Ramones, und die Glam-Bands waren vergessen", weiß Bebe Buell. „Und dann tauchte Malcolm McLaren auf, packte unsere Dolls und Ramones und verwandelte sie in die Sex Pistols."

Der Anfang vom Ende

„Sunset, end of my dreams ..."

Roxy Music

In Grossbritannien war Glitterpop in der ersten Hälfte des Jahres 1974 noch stark angesagt: The Sweet schlugen mit „Teenage Rampage" ein, Suzi Quatro mit „Devil Gate Drive" und Gary Glitter mit „Remember Me That Way". Und die Neuen im RAK-Stall rückten langsam nach: die Arrows mit „A Touch Too Much" (dessen B-Seite „I Love Rock 'n' Roll" später ein Riesenhit für Joan Jett wurde), die Rubettes mit dem schmalzigen „Sugar Baby Love" und die Bay City Rollers mit „Remember (Sha-La-La)" und „Shang-a-Lang".

David Bowie jedoch, einer der bedeutendsten Architekten des Glam, wuchs schnell über das Genre hinaus und schuf mit „Diamond Dogs" ein Werk, das Charles Shaar Murray als den „finalen Alptraum der Glitter-Apokalypse" beschrieb. Diese Tony-Visconti-Produktion, die im April 1974 in die Läden kam, war eine Kreuzung aus „Ziggy Stardust" und William S. Burroughs' „Wild Boys", ein überreizter, von George Orwell inspirierter Songzyklus, der in einem futuristischen Manhattan spielte und von Bowie im Zustand fortgeschrittener Kokain-Paranoia verfaßt worden war. „Die meisten Songs handeln vollkommen wirr von Perversionen, Erniedrigungen, Ängsten und Selbstmitleid", kritisierte Eric Emerson von den Magic Tramps im Rolling Stone. „Sind das nun Masturbationsphantasien, projizierte Schuldgefühle, schreckliche Vorahnungen, oder wird hier einfach nur dreist Alice Cooper kopiert?" Auch heute, ein Vierteljahrhundert später, ist das noch immer schwer zu sagen.

Im Juni ging Bowie mit „Diamond Dogs" auf Tour. Dabei zog er eine der größten Bühnenshows auf, die es in der Rockgeschichte je gegeben hatte. Ein sechs Tonnen schwerer und 250.000 Dollar teurer Bühnenaufbau stellte die Kulisse „Hunger City" dar. Selbst

Tony DeFries fürchtete, sich damit zu übernehmen. Doch auch er trug nicht gerade zur Entspannung der Lage bei, da schließlich das MainMan-Büro in New York ständig zu viel Geld ausgab. Zu allem Übel beschloß Bowie dann während der US-Konzerte, sich von der Riesenbühne zu verabschieden und noch einmal ganz neu anzufangen. Im September tauchte er wieder auf, diesmal als magersüchtiger Entertainer in enganliegendem Jackett und weiten Hosen – ein erster Vorgeschmack auf den „Plastic Soul Man". In dieser Maske sollte er sich 1975 mit „Young Americans" richtig in Szene setzen.

Für Bowie bedeutete diese Tour das Ende des Glam oder zumindest dessen, was wir Fans bislang mit Glam verbanden. Als im Oktober 1974 das hastig und schlampig aufgenommene „David Live" erschien, zeigte sich der Künstler selbst erschreckt. „Mit ‚David Live' war Ziggy endgültig gestorben", konstatierte er später. „Die auf dem ‚Ziggy'-Album erzeugte Spannung muß wirken, als ob dir ein Vampir gerade seine Zähne ins Fleisch bohrt – das tut sie auf der Live-LP nicht. Und dann das Cover-Foto! Mein Gott, ich sehe aus, als sei ich gerade aus dem Grab gestiegen."

Bowie war kaum nach London zurückgekehrt, da tauchte in den Charts eine Band auf, die ziemlich stark an ihn erinnerte: Cockney Rebel mit dem selbstverliebten Frontmann Steve Harley. Für die ersten Hits – „Judy Teen" und „Mr. Soft" – mixte Harley den „Hunky Dory"-Bowie mit einem Gesangsstil, der irgendwo zwischen Ray Davies und Ian Hunter anzusiedeln war und ziemlich exaltiert wirkte. Zur Abrundung gab es Roxy-Music-Arrangements. Die allererste Single der Band jedoch, „Sebastian", war ein Meisterstück des Glam, schon allein wegen Harleys theatralischem Gesang und der aufwendigen Orchesterbegleitung.

Schwer zu sagen, ob Cockney Rebels „Clockwork Orange"-Rock nun aufrührerisch war oder einfach nur aufgeregt – Janet Street-Porter brüllte, „Ihr seid das Letzte!", als die Band im Rainbow Room des Biba spielte. Auf ihren Alben „The Human Menagerie" und „The Psychomodo" jedenfalls bewiesen die Musiker Gespür für große Inszenierungen. Nachdem Harley sich schon 1974 vom ersten Line-up der Band getrennt hatte, gründete er Cockney Rebel Nummer zwei und gelangte im Januar 1975 mit „Make Me Smile (Come Up And See Me)" an die Spitze der englischen Charts.

Zu jenen Exoten, die am Rockzipfel des Glam hingen, zählte beispielsweise auch die Sensational Alex Harvey Band mit ihrem

Gesangsveteranen aus Glasgow, der sich selbst „The Last Of The Teenage Idols" nannte und auf melodramatische Interpretationen von Jacques Brel („Next") und Broadway-Standards („The Impossible Dream") setzte; außerdem gab es noch Ron und Russ Mael von den Sparks, die in Hollywood Kinderschauspieler gewesen waren, bevor sie Platten mit kühnen Titeln wie „A Woofer In Tweeter's Clothing" (1972) machten. 1974 zogen die Maels nach London und nahmen dort das phantastische Album „Kimono My House" auf, dessen erste Single-Auskopplung „This Town Ain't Big Enough For Both Of Us" wie Roxy Music klang und mit hysterischen Falsettstimmen daherkam. Der exzentrische Doppelpack – bestehend aus dem langhaarigen, hübschen Russ und seinem eher versteinert dreinblickenden Bruder Ron, der wie eine Karikatur von Charlie Chaplin wirkte – beeinflußte reihenweise Duos, von Soft Cell bis zu den Pet Shop Boys.

Aber keine andere Band schwamm so auf der Tuntenwelle wie Queen. Rückblickend betrachtet war Freddie Mercury der personifizierte Glam. Seine Homosexualität, wie sie sich auch im Namen der Band widerspiegelt, stand ihm ins Gesicht geschrieben, so daß keiner es auch nur im geringsten der Erwähnung wert hielt. „Diese vier kleinen Kerlchen sahen so schwul aus wie orangefarbene Uhrwerke", sagt Mick Rock, der jenes berühmte Foto schoß, das auf dem Cover von „Queen II" zu sehen ist. „Und dennoch stimmte das nicht. Selbst Freddie lebte zu der Zeit mit einer Freundin zusammen und hatte vorwiegend heterosexuelle Beziehungen."

Bei aller Hetero-Orientierung war Mercury, der als Farokh Bulsara auf Sansibar zur Welt gekommen war, keineswegs straight; das wußte selbst seine Freundin, die Biba-Abteilungsleiterin Mary Austin. Ihr war sogar ein großer Teil von Freddies aggressiv androgynem Look zu verdanken – sie hatte ihm geraten, sich die Haare zu toupieren und schwarzen Nagellack aufzutragen. Dabei war er bereits ein anerkannter Londoner Dandy; schließlich hatte er schon 1967 die geckenhafte Mode seines Idols Jimi Hendrix kopiert. Auf Zeichnungen, die er in den späten Sechzigern von Hendrix anfertigte, war der Gitarrist als Beau des 18. Jahrhunderts mit Spazierstöckchen dargestellt.

Nachdem Mercury mit Roger Taylor einen kleinen Laden im Kensington Market übernommen hatte, nur einen Steinwurf vom Biba entfernt, gab er sich noch weiblicher. „Roger und ich stolzieren durch die Gegend und versuchen uns überall durchzuschnorren", schrieb er 1969 einem Freund. „Seit kurzem bezeichnet man uns als Schwuchteln."

„Glam war eine alles umfassende Geschichte, die aus der Hippie-Bewegung hervorging und dann im Kensington Market weitergärte", meint Mick Rock. „Das fing mit diesen alten aufgerüschten Klamotten an, welche die Leute dort trugen. Selbst das Biba ging aus der Hippie-Bewegung hervor."

Im April 1970 gründeten Mercury und Taylor zusammen mit dem Gitarristen Brian May die Band Queen, wobei sie sich völlig darüber im klaren waren, daß dieses Wort nicht nur „Königin", sondern auch „Tunte" bedeuten konnte. – „Das hat etwas so Edles", kommentierte Freddie den Namen. – Mit Bassist John Deacon der das Line-up vervollständigte, begann man, Led Zeppelin nachzueifern. Queen waren eine Hardrock-Band mit Blues-Wurzeln, die den tuntigsten Frontmann des Showgeschäfts in ihren Reihen hatten. Es dauerte nicht lange, bis Freddie Mercury die Tips von androgynen Kollegen wie David Bowie beherzigte und schier unglaubliche, enganliegende Overalls anzog. Zwar ergatterten Queen 1973 einen Plattenvertrag, aber erst im folgenden Jahr schafften sie es in die Charts: „Seven Seas Of Rhye" schrammte knapp an den Top Ten vorbei, und das phantastische „Killer Queen" gelangte bis auf den zweiten Platz. „Es handelt von einem Edel-Callgirl", erläuterte Mercury. „Ich möchte damit nur sagen, daß jemand mit viel Klasse durchaus eine Hure sein kann." Insider wußten, daß die „Killer Queen" auch ein transsexuelles Selbstportrait des edlen Freddie Mercury war.

„She keeps Moët et Chandon in her pretty cabinet / ‚Let them eat cake', she says / Just like Marie Antoinette ..."

Es war Mercurys Einfluß, der die Band weit genug aus ihren Zeppelin-Gefilden lockte, um diese klassische Pop-Single hervorbringen zu können. „Die Leute erwarten Hardrock, druckvolle Musik von Queen", meinte er, „und trotzdem würde man bei dieser Single beinahe annehmen, daß Noël Coward sie singt. Es ist eine dieser Nummern, zu denen Melone und schwarze Strapse passen."

„Sie waren fast Glam-Rock", meint Queens Presseagent Tony Brainsby. „aber es lief alles auf einer wesentlich subtileren Ebene ab." Was letzten Endes nur bedeutete, daß Queen sich ehrgeizigere Ziele gesteckt hatten als gelegentliche Auftritte bei „Top Of The Pops".

Im Studio wollten sie unbedingt etwas Grandioses hervorbringen, arbeiteten ehrgeizig mit übereinandergelegten Gesangsspuren nach ELO-Muster und verschnörkelten Rokoko-Figuren. Auf Tour gingen Queen – wie zuvor die New York Dolls – mit Mott The Hoople, aber sie schlugen sich dabei wesentlich erfolgreicher: Im März 1975 war „Killer Queen“ bis in die amerikanischen Top 20 vorgedrungen.

Und dann, im Sommer jenes Jahres – in dem das Biba schließen mußte –, nahmen Queen jene Platte auf, die zum epischen Schwanengesang des Glam werden sollte. Mit einer Länge von fast sechs Minuten und begleitet von einem Video, das bei „Top Of The Pops“ rauf und runter lief, war „Bohemian Rhapsody“ die ausschweifendste Rock-Operette seit „Stairway To Heaven“, eine vielspurige Extravaganz von wagnerianischen Ausmaßen. Es war Glam par excellence – hier wurde alles auf die Spitze getrieben: das tuntige Gehabe, die theatralischen Effekte und die rauschenden Exzesse. Bis zum Januar 1976 hatte sich die Single über eine Millionmal verkauft.

Mit dem Glam war es allerdings lange vor „Bohemian Rhapsody“ zu Ende gegangen. „(Whatever Happened To The) Teenage Dream?“, hatte sich Mark Bolan schon im Februar 1974 anklagend erkundigt, als Alice Coopers thematisch ähnlich gelagertes „Teenage Lament ’74“ immerhin noch in den Charts war. *„Did you see the suits and the platform boots?“*, fragte Ian Hunter in dem wehmütigen „Saturday Gigs“, der ersten Single von Mott The Hoople, auf der Mick Ronson als neuer Gitarrist zu hören war – es sollte leider auch schon die letzte sein, die diese Band veröffentlichte.

Unter den zahlreichen MainMan-Projekten des Jahres 1974 war auch Mick Ronsons Solodebüt „Slaughter On Tenth Avenue“ zu finden – jenes Album mit dem großartigen „Hey Ma, Get Papa“, einem der wenigen Songs, bei denen Bowie und Ronson gemeinsam in den Credits genannt sind.

Bowies „Rebel Rebel“ – ein weiterer Abgesang auf die goldenen Tage des Glam – besaß in Rodney Bingenheimers English Disco schon fast den Status einer Nationalhymne. Auch an diesem Ort zeichnete sich jetzt, im Herbst 1974, das Ende der Glam-Ära ab. „Die wirklich großen Szenen sterben“, beklagte Tom Ayres 1992. „Abgesehen davon hatte die Glamkultur in den USA nie richtig Fuß fassen können. Slade brachten es nie zu einem Hit; Suzi Quatro und Gary Glitter konnten gerade mal einen einzigen Erfolg verzeichnen. Und David Bowie? Er zog sich einfach einen Anzug an und machte auf Funk." „Zu der Zeit", kommentiert Michael Des Barres von Silverhead, „lagen die Pailletten in der Gosse. Es war Oktober 1974, und alles war so schnell gekommen und gegangen, daß jeder, der dazugehört hatte, völlig ausgebrannt war."

Ein letztes großes Glam-Event gab es noch – das „Hollywood Street Revival And Dance" in Los Angeles. Es fand am 11. Oktober im Palladium statt. Dem Beispiel des „Death Of Hippie"-Marschs folgend, der vor sieben Jahren durch die Straßen von San Francisco gezogen war, als die Hippie-Szene ihr Ende vorausahnte, sollte diese „Death Of Glitter"-Nacht, wie Kim Fowley sie taufte, eine letzte Hommage sein – ein mutiger Versuch, den Glam zu töten, bevor er von den Medien fertiggemacht wurde. Mit dabei waren Iggy Pop, die New York Dolls und Silverhead, und es wurde tatsächlich so eine Art Trauerfeier für das Volk der English Disco. „Glitter lag über ganz Hollywood", erinnert sich Chuckie Star, einer der Stammgäste bei Rodney. „Vor dem Palladium bildete sich eine unglaubliche Schlange. Jeder in L. A. wußte, daß es die letzte Chance war, Plateauschuhe und Lidschatten zu tragen. Das war's! Surfer aus Malibu – sie kamen in bauchfreien Hemden, silbernen Space Boots und mit blauem Lidschatten geschminkt – knutschten mit ihren Freundinnen, während sie auf Einlaß warteten."

Nachdem die Dolls die Show mit „Personality Crisis" beendet hatten, wurde Chuckie Star in einem offenen Glittersarg auf die Bühne getragen; als der Trauerzug anschließend an den Feiernden vorüberzog, regnete es Glitter und Rosen auf seine Brust. „Genau genommen war das alles irgendwie tragisch", meint Michael Des Barres heute. „Aber was soll's? Damals gab es nicht den Druck, den wir heute haben; Rock 'n' Roll stellte noch nicht eine solch durchorganisierte Industrie dar. Jede Art von Provokation schien damals möglich. Das Großartige an der Glam-Ära war, daß es um Showbiz ging – ein Showbiz, das so herrlich verdorben war."

Aus Rodneys Clique gingen bald die Vorläufer des L. A.-Punk hervor. Bingenheimer selbst spielte hier als DJ des Senders KROQ eine maßgebliche Rolle. Kim Fowley schickte die von Suzi Quatro beeinflußten Runaways ins Rennen, Jane Wiedlin gründete die Go-Gos, und Joan Jett nahm den Arrows-Song „I Love Rock 'n' Roll" neu auf. Nun konnten die Fans selbst zu Stars werden.

Als in Hollywood die Totenglocken für Glam geläutet wurden, legte auch die Glitter-Szene in London eine Vollbremsung ein. Ende 1974 lieferten alle großen Glitter-Künstler – Gary Glitter, Slade, Suzi Quatro – ihre letzten erinnerungswürdigen Scheiben ab.

„Unbewußt hatten wir das Ende des Glam schon vorweggenommen", meint Nicky Chinn. „Es ist bezeichnend, daß wir im Juli 1975, als Glam dem Ende zuging, mit Smokies ‚If You Think You Know How To Love Me' bis auf den dritten Platz in den Charts kamen. Diese Ballade hatte mit Glam-Rock nahezu nichts mehr zu tun. Musikalisch war der Übergang für uns einfach zu bewältigen, und wir bewerteten das auf jeden Fall positiv. Aber den Lifestyle – den haben wir sehr vermißt, glaube ich. The Sweet gingen schließlich weg, weil sie ihr eigenes Ding machen wollten. Mit ‚Desolation Boulevard' wollten wir schon erreichen, daß man sie mehr ernst nahm. ‚The Six Teens' war in vielerlei Hinsicht keine Glam-Rock-Platte. Und das fand ich vollkommen in Ordnung; mit den Gründen, die Sweet anführten, als sie uns verließen, konnte ich wesentlich besser leben als mit denen, weswegen Mud abgesprungen waren. Mud gingen wegen des Geldes, und ich denke, dafür haben sie bezahlt. All unsere Bands hauten ab – das war vielleicht der Grund, daß Glam bei uns schon tot war, als er anderweitig noch lebte. Es war kein bloßer Zufall, daß Mike Chapman 1975 nach Amerika übersiedelte."

„Glam schlief irgendwie ein, nicht wahr?", sagt Brian Eno. „Ich kann mich an keinen Moment erinnern, an dem ich gedacht hätte, das ist jetzt vorbei, aber ich weiß noch, daß ich mir die Haare abschneiden ließ, und das war ein entscheidender Augenblick. Es muß Ende 1974 gewesen sein, denn als ‚Another Green World' erschien, waren sie schon kurz. Mit meinen langen Haaren hatte ich meiner Umgebung immer ein wichtiges Zeichen gesetzt: Sie standen für Rebellion. 1974 freilich bedeuteten lange Haare etwas ganz anderes."

In Eric Tamms „Brian Eno: His Music And The Vertical Color Of Sound" (1989) beschreibt Eno, daß „Kritiker" seine Ambient-Platten nicht ausstehen konnten: „Sie suchen stets nur nach der ewigen Pubertät und meinen daher, alle Musik müsse wild und ungestüm klingen. Mich reizt es viel mehr, mich in die Gefühlswelt eines ganz kleinen Kindes hineinzuversetzen ... ich will nicht dauernd wie ein Teenager empfinden müssen."

So wie Kiss und Bette Midler den Glam in den USA vereinnahmten, wurde die Szene auch in England salonfähig, gliederte sich in den allgemeinen Betrieb ein und hörte auf, schockierend zu wirken. Als Richard O'Briens „Rocky Horror Picture Show“ im kleinen Saal des Royal Court Theatre Einzug hielt, war von den androgynen Schwingungen des Glam nicht mehr viel zu spüren. Der singende Lou Reed mit seinem „Walk On The Wild Side“ war eine Sache. Aber Tim Curry als Frank-N-Furter, mit gespitztem Schmollmund den „Sweet Transvestite“ mimend? Nur noch Karikatur – der „(Alp-)Traum eines jeden Schwulenhassers“, notierte Wayne Studer in „Rock On The Wild Side“. Wie Kiss und wenig später auch die Tubes verwässerte „Rocky Horror“ einfach jenes Moment der Provokation, das bei den Ensembles des Ridiculous Theater und in den Filmen von Warhol und John Waters enthalten war. Phil Dellio und Scott Woods stellen in „I Wanna Be Sedated: Pop Music In The Seventies“ witzelnd fest: „Die Tubes und die ‚Rocky Horror Show‘ versetzten dem Genre einen herben Schlag, indem sie versuchten, etwas satirisch darzustellen, das von Anfang an bereits zu einem gewissen Grad als Satire angelegt war.“

Ironischerweise begannen 1975 mit der Filmversion – die in Großbritannien durchfiel, aber in den USA oder beispielsweise auch in Deutschland zu einem Kulthit wurde – jene verrückten Kulthandlungen des Publikums, die jahrelang jede Vorführung begleiteten. Hierin lebte der Glam als Bastard weiter.

Andrew Logans jährlich stattfindende „Alternative Miss World“-Wahl, bei der Männer und Frauen unter gleichen Voraussetzungen antraten, war da schon weniger klebrig – hier erlebte Cross-Dressing neue Höhenflüge und gipfelte in ziemlich perverser Exotik.

Glitter dümpelte bis ins Jahr 1975 vor sich hin, mit Hits von The Sweet („Fox On The Run“), Gary Glitter („Doin' All Right With The Boys“), Kenny („Fancy Pants“) und den Rubettes („I Can Do It“). Aber die überwältigendste Teenie-Attraktion jener Tage waren die Bay City Rollers, die es im vorangegangenen Jahr zu vier Top-Ten-Hits gebracht hatten und nun zwei Nummer-eins-Titel nachlegten: „Bye Bye Baby“ und „Give A Little Love“. Die Rollers, die 1971 ursprünglich bei Bell unter Vertrag standen und einen einsamen Hit mit dem von Jonathan King produzierten Gentrys-Song „Keep On Dancing“ landen konnten, waren fünf geschlechtslose Schotten in übergroßen karierten Hosen und Plateauschuhen, deren Image sich der clevere schwule Manager Tam Paton ausgedacht hatte. Der New Musical Express bezeichnete die Rollers als „am Fließband gefertigte Roboter in Clowns-Anzügen“, aber die kleinen Mädchen kreischten wieder und fielen erneut in Ohnmacht. Paton kapierte, daß das Androgyne des Glam-Rock ausgedient hatte. Die vierzehnjährigen Mädchen wollten nun (wie die bekennende Rollers-Verehrerin Sheryl Garratt formulierte) „schlanke, unbedrohliche Jungs mit Babyface, die eher wie sie selbst aussahen". Die Rollers-Mania griff für kurze Zeit sogar auf die USA über, als „Saturday Night" dort im November 1975 zur Nummer eins wurde.

Vom T. Rex-Kracher „Ride A White Swan" bis „Bye Bye Baby" von den Rollers: Konnte Pop in einem Zeitraum von gerade mal fünf Jahren wirklich so zahm geworden sein? Ja, so war es wohl. Daran sollte auch ein Marc Bolan nichts ändern, der sich mit der schwachen Single „Light Of Love" (1974) und dem grauenhaften Album „Bolan's Zip-Gun" selbst parodierte – die musikalische Quittung dafür, daß er sich immer häufiger in Städten wie Los Angeles oder Monte Carlo vergnügte, die weitab vom Geschehen lagen. „Er verbrachte viel Zeit in Monte Carlo, und dort lebte er wie unter einer Käseglocke; er bekam nicht mehr mit, was lief", hatte Pamela Des Barres von B. P. Fallon erfahren. „Und wenn man jeden Abend mit Ringo im Spielcasino rumhängt, weiß man eben bald nicht mehr, was in der Musikszene abgeht, oder?"

Zugekokst und entsetzt darüber, wie sein Ruhm immer weiter schwand, geriet Bolan zusehends in die Defensive. „Mir sind keine Ausrutscher passiert, jedenfalls sehe ich es nicht so", meinte er trotzig. „Ich bin noch immer die Nummer eins. Vor einem Dreivierteljahr habe ich schon gesagt: ‚Glam-Rock ist tot.' Jetzt haben eine Menge Bands Probleme mit ihrem Image und müssen sich an eine veränderte Welt anpassen. Glücklicherweise habe ich damit nichts mehr zu tun, weil ich damals schon mit einem klares Statement an die Öffentlichkeit gegangen bin. Ich habe zwar die erste Teen-Welle ins Rollen gebracht, aber ich möchte darin nicht begraben werden."

In den letzten Jahren seines Lebens wurde das Fernsehen zu Bolans Rettungsanker – erst via Mike Mansfields Popshow „Supersonic", dann in Gestalt seiner eigenen Kinder-Popshow „Marc". Schließlich bereitete sich die pummelig gewordene Elfe darauf vor, mit „Dandy In The Underworld", seinem besten Album seit „The Slider", noch einmal ins Popgeschehen einzugreifen.

Auf einer Tour mit The Damned hatte sich Marc selbst zum „weisen alten Mann des Punk" – zum „Paten des Punk" erklärt, und „Marc" diente nun als Plattform für verschiedene aufstrebende Bands, darunter Generation X und die Boomtown Rats.

Es war faszinierend, Bolan bei „Marc" zuzusehen: Einerseits schien es entsetzlich entwürdigend, andererseits zeigte es auch, was an ihm stets so großartig gewesen war – seine Fähigkeit, gerade in der Vergänglichkeit des Starruhms zu schwelgen. „Bolans Pop war nicht für die Ewigkeit gemacht", stellte Paul Morley 1980 fest. „Er hatte seine Musik mit Absicht als etwas Vorübergehendes geschaffen, weil er wußte, daß Popsongs einem bestimmten Augenblick, allerhöchstens einer bestimmten Ära verhaftet sind. Er wußte, daß es zum Phänomen des Popruhms gehört, nach einiger Zeit zu verblassen." Bei der Sendung ‚Marc' schien es, meinte Morley, „als ob er sich selbstquälerisch in dem Bewußtsein suhlte, daß er als Pop-Ikone im Grunde schon passé war, und es noch halbherzig genoß, eine Pop-Persönlichkeit zu sein".

Es stellt sich die Frage, was wohl noch selbstquälerischer hätte sein können, als für die letzte ‚Marc'-Show ausgerechnet David Bowie einzuladen. Hier war der einstige Ziggy Stardust, der ehemalige „Thin White Duke", der Mann, der sich gerade als vom Himmel gefallener Berliner genial neu erfunden hatte. Und der teilte sich nun ein Mikrofon mit dem Unterwelt-Dandy, der den Anschluß verpaßt hatte und an die seichten Ufer des Kinderfernsehens gespült worden war. Die beiden hatten kaum den noch kurz vor der Sendung verfaßten Song „Standing Next To You" begonnen, als Bolan über ein Kabel stolperte und von der Bühne fiel. Hätte es ein schmerzvolleres Symbol dafür geben können, daß die Karriere des „Electric Warrior" zu Ende war?

Bolan starb nur eine Woche danach, als der violette Mini, den seine Lebenspartnerin Gloria Jones lenkte, in der Nähe ihres Hauses in Barnes bei Richmond gegen einen Baum schleuderte. „Jetzt würde ich verdammt ungern abtreten", hatte er Steve Harley erst einen Monat zuvor gestanden. „Das gäbe nur eine Spalte auf Seite drei." Er war und ist einer der ganz großen Popstars.

Die Liebe zum Lidschatten

„All this time later, it still raises its brightly coloured head ..."

David Bowie, 1987

Glam-Rock mochte langsam verblichen sein oder einfach nur verdrängt durch hemdsärmelige Helden wie Bruce Springsteen und die galligen Nihilisten des Punk. Aber seine Lippenstiftspuren waren noch überall zu sehen, wohin man auch blickte.

Nicht zuletzt in der Welt der Black Music.

Glamour und Dandytum waren in der schwarzen Kultur immer von großer Bedeutung gewesen, aber eine schwarze Mode, wie sie die Siebziger hervorbrachten, hatte es noch nie zuvor gegeben. „All diese jungen Aces und Dudes stehen Lollies lutschend vor dem Monterey Club herum", beobachtete Tom Wolfe 1974 in seinem Essay „Funky But Chic". Sie „tragen diese zweifarbigen Pyramid-Schuhe mit Zwölfzentimeter-Absätzen, die nach unten hin breiter werden, damit sie zu ihren Pierre-Chareau-Art-Deco-Schlaghosen passen ... sie alle, jeder Ace, jeder Dude, stehen da nur rum und versuchen, so scharf wie möglich auszusehen ... auf diese Weise sind die Söhne der Slums irgendwie zu den Brummells und Gentlemen von Adel geworden, den wahren Trendsettern der Siebziger ..."

Wie sich der Kleidungsstil von Little Richard über Sly Stone zu den plakativen Zuhälterklamotten von Wolfes Getto-Gecken entwickelt hatte – das war schon wild genug, aber die Outfits von Soul-Acts wie Labelle und Funk-Bigbands wie Parliament/Funkadelic schienen aus einer anderen Galaxie zu kommen. Besonders extrem kleidete sich Labelle-Sängerin Nona Hendryx, deren liebstes Stück ein weißer Overall mit Paillettenstickerei über ihrem Dreieck war, während vom Gürtel ein paar silberne Handschellen herabhingen. Patti Labelle bevorzugte entweder einen nostalgischen Girlgroup-Look nach Art der

Revival Shows, oder sie schien sich in eine futuristische Amazone zu verwandeln. „Die Kostüme sind nur ein Lockmittel, wie ein glitzerndes Schild", sagte sie in einem Interview mit Charles Shaar Murray. „Die Leute sollen das Schild lesen und sehen, was draufsteht."

Der Space-Age-Glam spielte auch bei der optischen Selbstdarstellung der P-Funk-Musiker eine große Rolle. George Clinton war der Roy Wood des Funk, während Bootsy Collins – der straßbewehrte Übervater am Space-Baß – gewissermaßen als Sweet-Bassist Steve Priest im Überschall-Zuhältermobil auftrat. P-Funk, die in einer drogenschwangeren, von Sly inspirierten Hippie-Atmosphäre zusammengefunden hatten, trieben den modischen Exzeß des Soul noch ein bißchen weiter als jede andere schwarze Band und schmückten sich mit Federn, Umhängen und kniehohen Absatzstiefeln (ganz zu schweigen von den Karomustern), als die Motown-Künstler noch mit weißen Schlaghosen experimentierten. Das Image von P-Funk trug dazu bei, aus einem Haufen Getto-Clowns die zur Erde herabgestiegenen Götter der schwarzen Avantgarde zu machen, und jeder Funk-Act, von Rick James bis zu Earth, Wind And Fire, folgte in ihrem Kielwasser.

Der innovativste schwarze Star der Achtziger, Prince, griff offen auf den Glam-Rock zurück; er schrieb sogar einen Song mit dem Titel „Glam Slam" und benannte dann einen Club danach. Ob bewußt oder unbewußt, die pointierte Schrulligkeit und Bisexualität auf „Dirty Mind" leitete sich direkt vom Glam her, ebenso wie das laut herausposaunte „Controversy", dessen zentrale Frage lautete: „Am I black or white? Am I straight or gay?" – Bin ich schwarz oder weiß? Hetero oder schwul? Trotz des sorgfältig einstudierten Transvestitengehabes aus der „Rocky Horror Show" war der androgyne Narzißmus von Prince für den Autor dieses Buches das Fesselndste seit Marc Bolan. Wie Presley und Jagger war auch Prince halb Mann, halb Frau, eine Art göttergleicher Hermaphrodit. Als er zehn Jahre später seinen Namen in ein Zeichen änderte, in dem sowohl das Symbol für Männlichkeit als auch für Weiblichkeit steckte, erschien das wie eine logische Antwort auf die Frage nach seiner eigenen sexuellen Identität – und der von Bolan, Bowie und all den anderen Helden des Glam-Rock.

Wer an der Bedeutung des schwarzen Glam für die amerikanische Kultur zweifelt, denke an den Bad Boy des Basketball, Dennis Rodman, der lila Lidschatten trägt, sich Sterne ins Haar färbt und mit seinen bisexuellen Eroberungen prahlt.

Als er seine Autobiographie „Bad As I Wanna Be" 1996 in einem Buchgeschäft auf der Fifth Avenue vorstellte, erschien er zu diesem Auftritt im Hochzeitskleid.

Mitte bis Ende der Siebziger fand eine Polarisierung zwischen stromlinienförmigem, albumorientiertem Rock und schnörkellosem Punk statt, und der Glamour ging wieder in den Underground, um im gespenstischen Chic der Disco-Szene neu aufzukeimen. Die Schwulen und die Straßenkinder eroberten nun die Rituale des Exhibitionismus und der elitären Grüppchen zurück, und das war auch der Grund, weshalb die zu Geld gekommene Warhol-Szene so schnell das Studio 54 in Manhattan zu ihrem neuen Mekka erklärte. „Wir wollten, daß es bisexuell ausgerichtet ist – sehr, sehr bisexuell", erklärte Studio-54-Boß Steve Rubell, und das war kein leeres Versprechen. Hier gab es sie wieder, die Spiegel, die silbernen Klamotten und die koksverrückten selbstverliebten Typen – darunter auch eine Schar androgyner neuer Stars wie Grace Jones. „Und wieder ist die Popmusik schamlos schwul", verkündete Albert Goldman, nachdem Disco durch „Saturday Night Fever" mit einem Schlag enorm an Popularität gewonnen hatte. „Nun, da der Krieg in Vietnam vorüber ist, Kaiser Dick abgesetzt wurde und die graue Rezession zurückgekehrt ist, hat in der Popmusik die Dylan-Tradition, das strenge Redenschwingen über die triste Realität ausgedient."

Daß Glam in den frühen Achtzigern wieder zum Vorschein kam, war eine Reaktion auf das Düstere von Postpunk-Bands wie Joy Division. Für den neuen Auftrieb sorgte die Generation, die mit Bowie und Bolan aufgewachsen war und nun wieder Spaß am Styling haben wollte. Einige der Stars kamen aus dem Punk – Adam Ant zum Beispiel –, andere waren ehemalige Ziggy-Kids, die „Bowie-Nächte" in Londoner Clubs wie dem Billy's oder dem Blitz organisierten. „In letzter Zeit hat sich ein übler neuer Puritanismus entwickelt", schimpfte Adam Ant 1981 gegenüber The Face. „Da ziehe ich mich doch lieber an wie Liberace."

„Wenn man sich umsieht, entdeckt man Punks, Kunststudenten, Soul-Boys, Transvestiten und Freestyle-Spinner, die sich allesamt so scharf wie möglich anziehen, weil sie um jeden Preis auffallen wollen", schrieb Dave Rimmer Anfang 1980 über eine Nacht im Blitz. Unter den Anwesenden befanden sich auch einflußreiche Macher der einstigen Glam-Szene wie Andrew Logan und Duggie Fields. Diese In-Crowd brachte dann die großen und kleinen New-Romantic-Stars hervor, die schließlich in der ersten Hälfte der Achtziger den Ton angeben sollten – darunter Boy George, der 1973 noch auf der Schwelle von Bowies Haddon Hall kampiert hatte und den „Thin White Duke" begrüßte, als er 1976 an der Victoria Station ankam. Mit dazu gehörten auch der frühere Türsteher des Blitz, Steve Strange, der bereits im Video zu Bowies „Ashes To Ashes" zu sehen gewesen war – oder Marilyn, der hübsche Monroe-Imitator, der es im Kielwasser der Culture-Club-Manie zu einem Hit („Calling Your Name") gebracht hatte. All diese Stars erweckten den glamourösen Spaß ihrer Teenager-Zeit, als Ziggy Stardust ihnen das Gefühl gegeben hatte, nicht allein auf der Welt zu sein, wieder zu neuem Leben

Bowie selbst übernahm nur zu gern die Patenrolle für diese neue Richtung im Pop: Sein 1980 erschienenes „Fashion" war eine echte New-Romantic-Hymne.

Die erste Erfolgsgeschichte des New Romantic handelt von Spandau Ballet, einer Gruppe, deren „Glamour" zum konstruierten Selbstzweck verkam. Als etwas langlebiger erwies sich die Musik von zwei Bands: Japan, einer makellosen Kombination aus Bowie und Roxy, und ABC, die Roxys smarte, ironische Art für ihren Gold-Lamé-Funk auf „Lexicon Of Love" (1982) wiederbelebten. Culture Club wurden eine der erfolgreichsten Popbands der Welt – innerhalb von vierzehn Monaten konnten sie sechs Top-Ten-Hits in Amerika verbuchen. Das Geheimnis von Boy George lag darin, daß er das Androgyne des Glam noch einen Schritt weiter führte und sich in eine Art knuddeligen Eunuchen verwandelte. Stärkeren Einfluß hatte die weiblich-androgyne Eurythmics-Sängerin Annie Lennox: Sie erlangte für den weißen Pop dieselbe Bedeutung wie Grace Jones für die schwarze Disco-Szene. Mutiger noch war die leicht perverse Abseitigkeit von Soft Cells Marc Almond. Für all diese Performer galt: Der Stellenwert des visuellen Elements wurde durch die wachsende Verbreitung des Videos beim Marketing der Musik noch verstärkt.

„Die Stunde des Glam hat wieder geschlagen", schrieb Jon Savage im Juni 1983. „Vieles davon ist, wie auch schon vor zehn Jahren, die Oberfläche eines neuen Zeitalters der Frivolität – da werden Videos gedreht, während die britische Gesellschaft sich immer weiter polarisiert – und einer Musik, die man körperlich spürt: Was paßt trefflicher zu den synthetischen Verlockungen von sprudeligem Pop als surrealistische, traumähnliche Bilder von sonderbarem Werbeästhetik-Sex? Die Blitz-Kultur erreicht die Massen; die Faszination des Blitz am

„Femininen", ein schnelles, klar definiertes, exotisch-oberflächliches Image, das jeglicher Verpflichtung ausweicht, gibt jetzt das Leitbild ab für die meisten modernen Popbands ..."

Zehn Jahre später kam Glam noch einmal zum Vorschein, diesmal in einem kurzlebigen Revival der New Romantics. „Mit Retro hat das nichts zu tun", behauptete „Romo"-DJ Simon Price. „Es ist eine Revolution gegen die trübe Selbstzufriedenheit des Britpop, ein großer Schritt hin zu Stil, Haltung, Schick, Mystik, Glamour." Ach so, nicht Retro, klar ...

Trotz des „Glamour" einer Madonna – die unübersehbar von Schwulen und Transsexuellen inspiriert wurde – stellte die USA diesen androgynen Eroberern aus England nie etwas Eigenes entgegen. „Amerika wird nie einen Boy George hervorbringen, so wie es in Großbritannien nie ein Phänomen wie Creedence Clearwater Revival geben wird", meint Kim Fowley. „Amerika braucht stets das markig Maskuline, wie es ein John Wayne verkörpert – das gilt vor allem für das amerikanische Radio." Deshalb, so Fowley, sei auch der „schwindsüchtige" Jobriath zum Scheitern verdammt gewesen.

Aber Amerika setzte dort wieder an, wo die New York Dolls, oder eher: wo Kiss, die Tubes und die „Rocky Horror Show" aufgehört hatten. Fee Waybill, der Frontmann der Tubes, der als Glam-Gestalt Quay Lewd mit 25 Zentimeter hohen Absätzen herumstolzierte, bot nichts weiter als eine für den Mainstream verwässerte Darstellung dessen, was Wayne County schon jahrelang in New York gezeigt hatte.

„Glam-Rock tauchte 1985 mit Poison wieder auf", behauptet Kim Fowley. „Aber das war nicht dasselbe wie die Glitter-Bewegung in den Siebzigern. Die einzige Ähnlichkeit bestand in Lippenstift, Eyeliner und dem weiblichen Make-up bei Männern. Zehn Jahre mußten nach der Schließung von Rodneys Disco vergehen, bevor Make-up in L. A. wieder salonfähig wurde. Dann gaben Poison einer endlosen Reihe von Typen den Anstoß, Schminke aufzutragen. Sogar Guns N' Roses machten da eine Zeitlang mit."

Von den finnischen Hanoi Rocks bis zu Sunset-Strip-Clowns wie Quiet Riot, die in den USA 1983 mit ihrer Coverversion von Slades „Cum On Feel The Noize" auf Platz 5 kamen, präsentierte sich Glam-Metal als eine Spielart des androgynen Rock 'n' Roll, bei der die echten und kühnen sexuellen Abweichungen völlig außen vor blieben. Ende der Achtziger stellten die „Pudelrocker" lediglich die Parodie eines

Genres dar, das bereits als Parodie gedacht gewesen war. Sie verkündeten lauthals, ihr „eigenes Ding machen" zu wollen, während sie sich so eng wie möglich an vorgegebenen Mustern orientierten. Selbst die düsteren Gothic-Bands bedienten sich bei Vorbildern – den Siebziger-Ikonen Alice Cooper oder Ozzy Osbourne – und planten ihre Karrieren mit der peniblen Genauigkeit von Jura-Studenten. Die anderen, von Poison bis zu weniger bekannten Gruppen wie London, leisteten kaum mehr, als Van-Halen-Riffs zu recyceln.

„Make-up bringt die bisexuellen Tendenzen zum Vorschein, denn Frauen mögen nun mal Frauen, ganz gleich, was die Leute sagen", behauptete ein Metal-Groupie in Penelope Spheeris' köstlichem Film „The Decline Of Western Civilization, Part Two: The Metal Years" (1988), dessen Schauplatz die Pudelrock-Szene in Los Angeles war. Ein anderes Mädchen konstatierte in diesem Film, daß „es mit Jungs aus der Metal-Szene einfach Spaß macht, weil du sie genauso benutzen kannst, wie sie dich benutzen", und ein androgyner Headbanger behauptete: „Mir pfeifen eine Menge Typen hinterher." Letzten Endes hatten Schwule in der Metal-Szene jedoch stark gegen die altbekannte Homosexuellen-feindliche Einstellung in diesem Genre zu kämpfen, und die „Heavy Metal Chicks" unternahmen kaum Anstrengungen, mehr zu sein als zum Leben erwachte Schaufensterpuppen aus dem „Frederick's Of Hollywood".

Trash Metal und Grunge schließlich erledigten mit einem Angriff von zwei Flanken die hochtoupierten Schmollmündchen: Punkrock hatte endlich Amerika erobert, und Mascara und Haarspray waren mit einem Schlag nicht mehr angesagt. In Spheeris' Film beschreibt ein Megadeth-Fan einen Headbanger als jemanden, „der Glam in keiner Weise akzeptiert". Als Nirvanas „Nevermind" 1991 die Top Ten erreichte, war Glam-Metal erledigt. Aber auch in der schönen neuen Welt des Alternative Rock tauchten androgyne Elemente und Cross-Dressing wieder auf: Kurt Cobain und Evan Dando trugen Kleider, und Jane's Addiction sahen aus wie ein wandelnder Flohmarkt mit Transvestitenmode – als ob Boy George mit den Red Hot Chili Peppers zusammen in einen Wäschetrockner gefallen wäre. Selbst U 2 gingen den Weg des Glam: Um ihr Image als ernsthafte, auf epische Rockhymnen spezialisierte Band abzulegen, stürzten sie sich auf das verdorbene Berlin der Zwanziger und nahmen das überraschend verspielte Album

„Achtung Baby“ (1991) auf. Als die Iren dann ihre „Zooropa“-Tour begannen, trug Sänger Bono Make-up und eine Goldlamé-Jacke.

Die Manic Street Preachers waren eine der Bands, die grundsätzlich in die Macho-Ecke gehörten, die aber schon mit Glam-Ideen flirteten – oder zumindest versuchten, wie Simon Reynolds und Joy Press skeptisch kommentierten, „weibliche ‚Vorrechte‘ wie Narzißmus und Modebewußtsein zu nutzen, während sie gleichzeitig Frauen innerhalb des Rock 'n' Roll allenfalls als Thema zuließen“.

Als musikalischer Stil ist Glam niemals verschwunden, selbst wenn die Bands, die sich heute seiner bedienen, die Verwendung von Glamour scheuen. Die Smiths entliehen die Riffs wie auch die homoerotische Thematik beim Glam; Smiths-Sänger und Dolls-Fan Morrissey bezeichnete die Glam-Strömung häufig als Pop in Reinkultur; für die Produktion des Albums „Your Arsenal“ heuerte er 1992 sogar Mick Ronson an.

Exakt in jenem Jahr sorgte eine neue Band für erste Schlagzeilen, die fast denselben Einfluß gewinnen sollte wie acht Jahre zuvor die Smiths: Suede, die sich stark am überwältigenden Drama von Bowies „Ziggy Stardust“ orientierten und deren bemerkenswerte erste Single „The Drowners“ klang, als sei sie aus „Starman“ und „All The Young Dudes“ zusammengepuzzelt worden. Nach der Pöbelhaftigkeit der „Madchester“-Szene, bei der Ecstasy im Spiel war, und dem Urschrei-Geheul des Grunge gab die melancholische Sehnsüchtigkeit von Suede dem britischen Pop wieder einen ähnlich starken Kick, wie dies Bowie und Bolan zwanzig Jahre zuvor geschafft hatten.

Nur kurze Zeit später erschienen die theatralischen Gothic-Glam-Jungs von Placebo auf der Bühne des britischen Pop. Das 1996er Debütalbum der Band enthielt unter anderem Songs wie „Teenage Angst“ oder „Nancy Boy“, das von einem Transvestiten handelte. Auch Mansun, Spacehog, Vaganza, 10 Speed und Plastico verwendeten bewußt die Stilmerkmale des Glam. Und falls die Existenz dieser Gruppen nicht genügt, dann sollte das durch Todd Haynes' Film „Velvet Goldmine“ sowie das Theaterstück „Hedwig And The Angry Inch“ neu geweckte Interesse an Glam ausreichen, um die einstudierte Schäbigkeit des Alternative Rock wenigstens für ein paar Jahre zu verdrängen.

„Wir wurden mit all diesen Künstlern aus den Siebzigern verglichen, aber derartige Bezüge sind eher Zufall als Absicht“, meinte Suede-Sänger Brett Anderson in jener Zeit zu mir. „Klar habe ich die Bowie-Platten meiner Schwester gehört, doch als Band sind wir eher von den Pretenders beeinflußt, die nichts weiter gemacht haben, als unglaubliche Popsongs fürs Radio zu spielen." Da Suede verzweifelt versuchten, sich von einer Reihe deutlich minderwertigerer „Glam"-Bands wie Fabulous oder Sweet Jesus (und den vielgeschmähten Nancy Boy) abzugrenzen, war es verständlich, daß Anderson nur ungern in diese Schublade gesteckt werden wollte; ebenso wenig wollte er mit Kunstprojekten wie Denim, der Gruppe des früheren Felt-Frontmanns Lawrence Hayward, zu tun haben. Suede schienen auch viel Wert darauf zu legen, sich dunkel und eher unauffällig zu kleiden. Ein paar Monate später meinte Anderson, das Wort Glam impliziere „eine gewisse Oberflächlichkeit", und er würde doch hoffen, daß sie „wesentlich mehr Tiefgang und Gefühl" mitbrächten.

Dennoch war Andersons schwüler, theatralischer Gesang stark Bowie-inspiriert, und seine geschlechtslose Schönheit verdankte er derselben Quelle wie Ziggy Stardust. „Popmusik hat eine direkte, vorwärtsdrängende Seite", sagte er zu mir, „aber gleichzeitig besitzt sie auch typisch weibliche Züge. Ich fühlte mich oft sehr feminin, und das scheint in der Musik rüberzukommen." Anderson ging sogar so weit, ganz in Bowie-Manier vor der Presse zu verkünden, er sei ein „bisexueller Mann, der noch kein homosexuelles Erlebnis hatte".

Suedes zweites Album „Dog Man Star" war eine Art „Diamond Dogs", versetzt mit Art-Rock à la Smashing Pumpkins, aber nachdem Gitarrist Bernard Butler die Band im Streit verlassen hatte, meldeten sich die verbliebenen Musiker mit einer waschechten Portion Glam zurück: „Coming Up" (1996) machte mit seinen Songs zwischen Euphorie („Trash") und düsterer Melancholie („By The Sea") dort weiter, wo die klassischen frühen Singles der Band („The Drowners", „Metal Mickey", „Animal Nitrate") einst aufgehört hatten. Der Sound stand dem kühnen, herausfordernden Pop von T. Rex näher als dem exzentrisch-schwülen Space Boy Bowie der „Hunky Dory"-Phase und war eine tragikomische Liebeserklärung an die zahllosen verwirrten, mittellosen Teenager mit verlaufener Wimperntusche, die Brett Andersons Texte bevölkerten – *„the litter on the breeze / the lovers on the streets."*

Vier Jahre nach dem Eingeständnis seiner Bisexualität fragte ich Anderson, ob er noch immer zu jenem Satz stünde. „Es war eines dieser Statements, das mein Anliegen leider nicht so pointiert rübergebracht hat, wie ich gehofft hatte", antwortete er. „Ich wollte damals eigentlich sagen, daß ich persönlich versuche, jedem gegenüber so offen wie möglich zu sein. Ich bin nicht nur an einer Gruppe von Menschen interessiert. Ich glaube, ich kann mich so ziemlich in jeden Typ hineinversetzen. Das deprimiert mich heute an der Musik: daß sie nur für bestimmte Leute oder bestimmte Märkte gemacht wird. Alles ist so sehr eingegrenzt, und es ist so wenig Liebe dabei. Viele der Bands heute wirken auf mich wie Zeichentrickfiguren. Du wirst vor so alberne Alternativen gestellt. In England fragt man mich immer: ‚Stehst du auf der Seite der Schläger oder auf der Seite der Schwuchteln?' Ich meine, du kannst doch zu beiden halten."

Cardiff, Dezember 1997. Nur drei Wochen, nachdem er wegen des mutmaßlichen Besitzes von Kinderpornographie verhaftet wurde, setzt der 56jährige Gary Glitter seine jährliche Weihnnachtstournee durch Großbritannien fort. Die Tour steht unter dem unglücklich gewählten Motto „A night with the boys (could this be the last time?)".

Einige Kartenbesitzer haben (ohne Erfolg) darauf gedrängt, ihre Tickets zurückgeben zu können, aber die Glitter-Getreuen lassen sich nicht beirren und strömen in die International Arena der Stadt. Hier präsentiert ein gewisser Paul Raven so spektakulär wie immer und ohne Rücksicht auf seine dünner werdende Haarpracht eine energiegeladene, zweistündige Show mit all seinen Glam-Klassikern. Am Schluß geht er zu „Always Look On The Bright Side Of Life" von der Bühne. Er muß noch drei Monate warten, bis feststeht, ob Anklage gegen ihn erhoben wird oder nicht. *Das Verfahren gegen Glitter, das Anklage wegen Herstellung und Besitz von Kinderpornographie in über hundert Punkten umfaßt, war bei Redaktionsschluß der deutschen Ausgabe dieses Buches noch nicht abgeschlossen. Anm. d. Ü.*

„Der Mann ist ein Held", protestiert ein Waliser in einem etwas halbherzigen Glitterkostüm draußen vor der Halle. „Ich stehe hundertprozentig hinter ihm."

„Seid ihr bereit für die guten Erinnerungen an Gary Glitter, die euch so ungefähr 1984 überfallen werden?", fragte Simon Frith mit Weitblick schon 1973. Wer konnte ahnen, daß die Erinnerungen derart lange anhalten würden?

Die beste Glam-Cassette aller Zeiten

1 **T. Rex:** „Ride A White Swan" (1970)
2 **Alice Cooper:** „I'm Eighteen" (1971)
3 **T. Rex:** „Get It On" (1971)
4 **David Bowie:** „Queen Bitch" (1971)
5 **T. Rex:** „Metal Guru" (1972)
6 **David Bowie:** „Ziggy Stardust" (1972)
7 **Mott The Hoople:** „All The Young Dudes" (1972)
8 **Roxy Music:** „Virginia Plain" (1972)
9 **Gary Glitter:** „Rock 'n' Roll Part 2" (1972)
10 **Lou Reed:** „Walk On The Wild Side" (1972)
11 **The Sweet:** „Ballroom Blitz" (1973)
12 **Roxy Music:** „Do The Strand" (1973)
13 **Iggy & The Stooges:** „Gimme Danger" (1973)
14 **New York Dolls:** „Jet Boy" (1973)
15 **Jobriath:** „I'maman" (1973)
16 **Cockney Rebel:** „Sebastian" (1973)
17 **Roxy Music:** „Street Life" (1973)
18 **Queen:** „Killer Queen" (1974)
19 **Eno:** „Needle's In The Camel's Eye" (1974)
20 **Mick Ronson:** „Hey Ma, Get Papa" (1974)
21 **The Sweet:** „Teenage Rampage" (1974)
22 **David Bowie:** „Rebel Rebel" (1974)
23 **Cockney Rebel:** „Tumbling Down" (1974)
24 **T. Rex:** „Teenage Dream" (1974)
25 **Alice Cooper:** „Teenage Lament '74" (1974)
26 **Sparks:** „This Town Ain't Big Enough For Both Of Us" (1974)
27 **Mott The Hoople:** „Saturday Gigs" (1974)
28 **T. Rex:** „Dandy In The Underworld" (1977)
29 **Prince:** „Glam Slam" (1988)
30 **Suede:** „Trash" (1996)

Ausgewählte Quellen

Bücher

Bockris, Victor, „Lou Reed: The Biography“ (London: Vintage, 1995)
– „The Life And Death Of Andy Warhol“ (New York: Bantam, 1989)
Bowie, Angela, mit Patrick Carr, „Backstage Passes“ (London: Orion, 1992)
Boy George mit Spencer Bright, „Take It Like A Man“ (London: Pan, 1995)
Bracewell, Michael, „England Is Mine: Pop Life In Albion, from Wilde to Goldie“ (London: HarperCollins, 1997)
Bruce, Michael & James, Billy, „No More Mr. Nice Guy: The Inside Story Of The Alice Cooper Group“ (London, SAF Publishing, 1996)
Cato, Philip, „Crash Course For Rhe Ravers: A Glam Odyssey“ (Lockerbie: S. T. Publishing, 1997)
Chapman, Bob, „They Came From Planet Bacofoil: Roxy Music“ (aus Mojo, Dezember 1995)
Cochrane, Rob, „Jobriath: The Queen Of Rock 'n' Roll“ (unveröffentlicht, 1997)
Core, Phillip, „Camp: The Lie That Tells The Truth“ (New York: Delilah, 1984)
County, Jayne, „Man Enough To Be A Woman“ (London: Serpent's Tail, 1995)
Dalton, David, „The Rolling Stones: The First Twenty Years“ (London: Thames, 1981)
Dellio, Phil & Woods, Scott, „I Wanna Be Sedated: Pop Music In The Seventies“ (Toronto: Sound And Vision, 1992)
Des Barres, Pamela, „Rock Bottom: Dark Moments In Music Babylon“ (New York: St. Martin's Press, 1996)
Du Noyer, Paul, „Marc Bolan: The Man Who Would Be King“ (aus Mojo, Oktober 1997)
Edwards, Henry & Zanetta, Tony, „Stardust: The Life And Times Of David Bowie“ (London: Michael Joseph, 1986)
Fisher, Ben, „But Boy Could He Play Guitar: Mick Ronson“ (aus Mojo, Oktober 1997)
Frame, Pete, „The Complete Family Trees“ (London: Omnibus, 1992)
Garber, Marjorie, „Vested Interests: Cross Dressing And Cultural Anxiety“ (London: Routledge, 1992)
Garratt, Sheryl, „Androgynous Heart-Throbs: Confessions Of A Teenage Bay City Rollers Fan“ (aus: „Collusion, 2“, Juli – September 1982)
Gillett, Charlie (Hrsg.), „The Beat Goes On: The Rock File Reader“ (London: Pluto, 1996)
Gimarc, George, „Punk Diary 1970 – 1979“ (London: Vintage, 1994)
Glitter, Gary mit Lloyd Bradley, „Leader: The Autobiography Of Gary Glitter“ (London: Ebury Press, 1991)
Goldman, Albert, „Sound Bites“ (New York: Turtle Bay, 1992)
Hebdidge, Dick, „Subculture: The Meaning Of Style“ (London: Methuen, 1979)

Heylin, Clinton, „From The Velvets To The Voidoids: A Pre-Punk History For A Post-Punk World“ (Harmondsworth: Penguin, 1993)

Hodkinson, Mark, „Queen: The Early Years“ (London: Omnibus, 1995)

Hoskyns, Barney, „Waiting For The Sun: Strange Days, Weird Scenes And The Sound Of Los Angeles“ (Harmondsworth: Viking, 1996)

Hunter, Ian, „Diary Of A Rock 'n' Roll Star“ (London: Independent Music Press, 1996)

Kent, Nick, „The Dark Stuff“ (Harmondsworth: Penguin, 1994)

Koch, Stephen, „Stargazer: Andy Warhol's World And His Films“ (London: Calder And Boyars, 1973)

Lendt, C. K., „Kiss And Sell: The Making Of A Supergroup“ (New York: Billboard Books, 1997)

Levy, Arthur, Interview mit Iggy Pop über „Raw Power“ (Booklet zur „Raw Power“-Remix-CD, 1997)

Loud, Lance, „Los Angeles 1972 – 1974: Glam Rock Loses Its Virginity“ (aus Details, Juli 1992)

Loud, Lance, Hoffman, Kristian & Colon, Suzan, „Mad Max's“ (aus Details, November 1995)

McCormack, Ed, „The Gold Lamé Dream Of Bette Midler“ (aus Rolling Stone, 15. Februar 1973)

McNeil, Legs & McCain, Gillian, „Please Kill Me!: The Uncensored Oral History Of Punk Rock“ (New York: Grove Press, 1996)

McRobbie, Angela (Hrsg.), „Zoot Suits And Second-Hand Dresses: An Anthology Of Fashion And Music“ (London: Macmillan Education, 1989)

Morley, Paul, „Marc Bolan: A Stitch In Time“ (aus New Musical Express, 20. September 1980)

Morrissey, Steven, „The New York Dolls“ (Todmorden: Babylon Books, 1981)

Murray, Charles Shaar, „Shots From The Hip“ (Harmondsworth: Penguin, 1991)

Paglia, Camille, „Sexual Personae: Art And Decadence From Nefertiti To Emily Dickinson“ (New Haven: Yale University Press, 1990)

Parsons, Tony et al., David Bowie Special, „Arena“, Frühjahr/Sommer 1993

Paytress, Mark, „Marc Bolan: 20th Century Boy“ (London: Sidgwick & Jackson, 1996)

Reynolds, Simon & Press, Joy, „The Sex Revolts: Gender, Rebellion And Rock 'n' Roll“ (London: Serpent's Tail, 1995)

Rimmer, Dave, „Like Punk Never Happened: Culture Club And The New Pop“ (London: Faber And Faber, 1985)

Rougvie, Jeff, Booklet zu dem 1990er Rykodisc-Reissue „The Rise And Fall Of Ziggy Stardust And The Spiders From Mars“ von David Bowie

Savage, Jon: „Androgyny: Confused Chromosomes And Camp Followers“ (aus The Face, Juni 1982, auch in „Time Travel“, London: Chatto & Windus, 1996)

Sinclair, Paul, „Electric Warrior: The Marc Bolan Story“ (London: Omnibus, 1982)

Singer, June, „Androgyny: Toward A New Theory Of Sexuality“ (New York: Anchor Press, 1976)

Sontag, Susan, „Notes On Camp“, in: „Against Interpretation“ (New York: Delta, 1978)

Studer, Wayne, „Rock On The Wild Side: Gay Male Images In Popular Music Of The Rock Era“ (San Francisco: Leyland/Turnaround, 1994)

Sutherland, Steve, „One Day, Son, All This Could Be Yours ...“ Ein Gespräch zwischen David Bowie und Brett Anderson (aus New Musical Express, 20. März 1993)

Tamm, Eric, „Brian Eno: His Music And The Vertical Color Of Sound“ (Boston: Faber And Faber, 1989)
Thomson, Elizabeth & Gutman, David, „The Bowie Companion“ (New York: Da Capo, 1996)
Tremlett, George, „David Bowie: Living On The Brink“ (New York: Carroll & Graf, 1996)
Vermorel, Fred und Judy, „Starlust: The Secret Fantasies Of Fans“ (London: Comet, 1995)
Warhol, Andy & Hackett, Pat, „POPism“ (New York: Harcourt Brace Jovanovich, 1980)
Wale, Michael, „Vox Pop: Profiles Of The Pop Process“ (London: Harrap, 1972)
Walker, John, „Framing Dionysus: The Gutter-Dandy In Western Culture“ (unveröffentlichte Dissertation, University Of Toronto)
Williams, Richard, „Roxy Music: Melody Maker Band Breakdown“ (aus Melody Maker, 29. Juli 1972)

Filme

„Born To Boogie“, „Slade In Flame“, „Stardust“, D. A. Pennebakers Film vom letzten Ziggy-Stardust-Konzert, die Marc-Bolan-Dokumentation „Dandy In The Underworld“, die 1988 erschienenen Videos „Glam Rock“ und „Glam Rock II“, „The Decline Of Western Civilization Part 2: The Metal Years“ und Bob Gruens Film „Looking For A Kiss“ über die New York Dolls.

Harry Shapiro

Sky High

Droge und Musik im 20. Jahrhundert

Broschur, 380 Seiten, 20 S/W-Fotos,
1998 aktualisierte und erweiterte
Neuauflage
DM/sFr. 39,80, S 291,–
ISBN 3-85445-148-2

„... Das Buch zieht Verbindungen zu soziologischen Faktoren und der Einstellung der Gesellschaft und zeigt die Verwicklungen vom organisierten Drogenhandel zum Musikbusineß ...“ *WAZ*

Christopher Sandford

David Bowie

Ein Mythos will nicht müde werden

Broschur, 400 Seiten, 16 Seiten S/W-Fotos,
Diskographie, Bibliographie
DM/sFr. 29,80, S 218,–
ISBN 3-85445-143-1

Mit aufwendiger, exakt belegter Recherche hat Sandford die entscheidenden Phasen in Bowies Leben erschlossen und seine musikalische und persönliche Entwicklung ebenso sachlich und informativ wie lebendig und spannend nachvollzogen.

„Alle anderen Bowie-Bücher kann man getrost vergessen!“
Sunday Times

Im Hannibal Verlag sind folgende Musikbücher erschienen:

ROCK/POP-KULTUR/CULTURAL STUDIES

NEIL YOUNG, Fakten – Artikel – Interviews
aus dem US-Magazin *Rolling Stone,* neu überarbeitet und ergänzt bis 1997, Broschur, 360 Seiten, Diskographie. ISBN 3-85445-150-4

U2, Die Rolling-Stone-Fakten
Broschur, 240 Seiten, Diskographie, Charts, Plattenkritiken. ISBN 3-85445-124-5

THE DOORS, Riders On The Storm
Von John Densmore, Broschur, 304 Seiten, 32 Seiten S/W-Fotos, Diskographie.
ISBN 3-85445-066-4

THE BEATLES, A Hard Day's Night
Von Hunter Davis, Broschur, 468 Seiten + 150 S/W-Illustrationen mit seltenen Dokumenten, Diskographie. ISBN 3-85445-089-3

DEAD ELVIS,
Die Legende lebt
Von Greil Marcus, Broschur, 340 Seiten, 65 S/W-Fotos, vom Autor mit fünf Kapiteln ergänzte Ausgabe.
ISBN 3-85445-144-X

GRATEFUL DEAD,
An American Odyssey – Die legendäre Reise von Jerry Garcia und den Grateful Dead
Gebunden, 342 Seiten, 16 Seiten S/W-Abbildungen, mit CD (unveröffentlichte Aufnahmen der Grateful Dead), Diskographie.
ISBN 3-85445-129-6

BOB DYLAN – TARANTULA
Ungekürzte Originalausgabe, zweisprachig englisch/deutsch (übersetzt von Carl Weissner), Broschur, 224 Seiten. ISBN 3-85445-100-8

ROD STEWART, Forever Young
Von Tim Ewbank/Stafford Hilldred, Broschur, 196 Seiten, 16 Seiten S/W-Fotos, Diskographie.
ISBN 3-85445-090-7

LOU REED, Walk On The Wild Side
Von Victor Bockris, gebunden, 400 Seiten, 16 Seiten S/W-Fotos, Diskographie mit CD.
ISBN 3-85445-117-2

THE ROLLING STONES,
Der Tanz mit dem Teufel
Von Stanley Booth, Broschur, 340 Seiten, 16 Seiten S/W-Fotos, Diskographie, komplett überarbeitete Neuauflage, autorisiert.
ISBN 3-85445-149-0

BRUCE SPRINGSTEEN,
Die Rolling-Stone-Fakten
Broschur, 396 Seiten, Diskographie, Charts, Plattenkritiken. ISBN 3-85445-130-X

PHIL COLLINS,
Die definitive Biographie
Von Ray Coleman, Broschur, 220 Seiten, 16 Seiten S/W-Fotos, Diskographie.
ISBN 3-85445-159-8

DAVID BOWIE,
Ein Mythos will nicht müde werden
Von Christopher Sandford, Broschur, 416 Seiten, 16 Seiten S/W-Fotos, Diskographie, Bibliographie.
ISBN 3-85445-143-1

LEXIKON DES JAZZ
Von Jürgen Wölfer, gebunden, neue und vollständig überarbeitete Ausgabe, 520 Seiten, 75 S/W-Abbildungen.
ISBN 3-85445-164-4

DANGEROUS CROSSROADS,
Popkultur, Postmoderne und die Poesie des Lokalen
Von George Lipsitz, Broschur, 240 Seiten.
ISBN 3-85445-166-0

IM RAUSCH DER SINNE,
Ecstasy-Kultur und Acid House
Von Matthew Collin und John Godfrey, Broschur, 340 Seiten.
ISBN 3-85445-151-2

GLOBALKOLORIT,
Multikulturalismus und Populärkultur
Von Ruth Mayer und Mark Terkessidis, Broschur, 340 Seiten, 25 S/W-Fotos.
ISBN 3-85445-152-0.

hannibal

Kataloge kostenlos im Buchhandel – oder direkt beim Verlag bestellen:
Hannibal Verlag, A-3423 St. Andrä-Wördern,
Richard-Gebhardt-Gasse 3, Fax (+43-22 42) 38 6 37
www.hannibal-verlag.de